건설, 건축하려면 반드시 알아야 할
건설전문변호사 사용법

건설, 건축하려면 반드시 알아야 할

건설전문변호사 사용법

초판 1쇄 인쇄 2024년 7월 5일
초판 1쇄 발행 2024년 7월 19일

지은이 박세원

발행인 백유미 조영석

발행처 (주)라온아시아
주소 서울특별시 방배로 180 스파크플러스 3F

등록 2016년 7월 5일 제 2016-000141호
전화 070-7600-8230   **팩스** 070-4754-2473

값 19,500원
ISBN 979-11-6958-117-2 (13320)

라온북은 독자 여러분의 소중한 원고를 기다리고 있습니다. (raonbook@raonasia.co.kr)

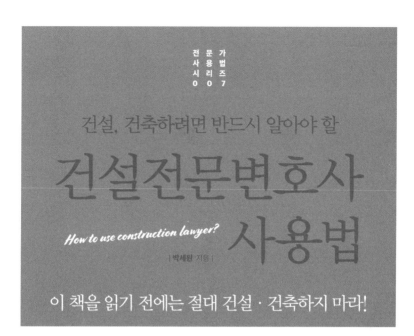

전문가 법률 사용 시리즈 007

건설, 건축하려면 반드시 알아야 할

건설전문변호사 사용법

How to use construction lawyer?

| 박세환 지음 |

이 책을 읽기 전에는 절대 건설·건축하지 마라!

모르면 당한다, 알면 당당하다!
건설전문변호사 제대로 골라
제대로 활용하는 법 공개

〈부록〉
건설 공사 중
빈발하는
분쟁 케이스
솔루션

규모가 큰 건설부터 소액 건축까지
왜 공사 시작 전에 미리 건설전문변호사를 만나야 하는지부터
이기는 소송을 위한 방법까지 구체적이고 상세하게 담았다

RAON
BOOK

RAON
BOOK

복잡한 건설분쟁 해결,
건설전문변호사와 협업이 곧 지름길이다.

건설분쟁은 일반인에게 막막하다. 어렵고 심란한 일이다.

애초에 계약부터 단순하지가 않다. 평소에 봐 왔던 매매계약서, 임대차계약서처럼 한두 장짜리 문서로 계약 내용이 확정되는 것이 아니고, 견적서, 내역서, 설계서, 시방서 등 건설 분야 특유의 문서들이 합쳐져서 계약 내용을 구성한다. 이런 복잡한 계약서에 그냥 도장을 찍어도 되는 것인지, 찍긴 찍는데 어디가 혹시 문제가 될 수 있는 건지 찜찜함이 마음 한 곳에 남는다.

반면 어떤 계약은 또 너무 단순해서 불안하다. 이렇게 세부적인 내용을 확정함 없이 시공사 사장님 말만 믿고 이 엉성한 계약서에 도장을 찍어도 되는 것인지 싶은 것이다.

어떤 계약을 체결했든, 확실한 것은 그 이후에 준공에 이르기까지 최초 계약 내용이 다시 여기저기 변경된다는 점이다. 공사계약에서는 매매계약, 임대차계약처럼 최초 계약 그대로 종료되는 일은 거의 일어나지 않는다.

이같은 계약 변경들이 짧은 기간에 간단하게 한두 번 만나서 성사된 일이 아니기에 더욱 머리가 아프다. 최소 수 개월간의 긴 기간 동안 셀 수 없는 통화로, 대면 대화로, 문자로 조각조각 일어난 일들이다 보니, 무슨 일이 일어난 것인지 설명하기 막막하다. 설명만 어려운 것이 아니라, 사실은 무슨 일들이 일어난 것인지 애초에 인식 자체가 정확하지 않기도 하다(그 자리에서 바로 내용을 확인했어도 아마 정확하지 않았을 수 있다).

가장 큰 문제는 건설 분쟁의 양쪽 당사자의 수준이 대등하지 않다는 점이다. 만일 위 계약 체결과 시공 과정에 일어난 일들을 시공사의 현장소장에게 물어보면 어떨까? 절대 그렇게 막막하고 모호하지 않다. 당신에게는 외국어 원서같이 알 수 없는 문서이고, 복잡한 일이지만, 건설 분야 종사자들에게는 업(業)으로 일상적으로 접하는 계약서이고, 의사소통의 방식이기 때문이다. 더 나아가 건설 분야는 분쟁이 빈번해서 건설 분야 종사자들, 즉 시공사, 설계사, 자재업자들은 대부분 업무 처리 과정에 건설 분쟁을 경험해 봤을 가능성이 높고, 분쟁 대비의 차원에서 '시공 중에 해야 할 일과 하지 말아야 할 일'이 무엇인지를 경험적으로든 학습으로든 아는 경우가 많이 있다는 점에서 시공만이 아니라 분쟁에 대하여도 전혀 비전문가는 아니다.

반면 건축주는 대부분 '건설'에만 문외한인 것이 아니라, '분쟁'에도 문외한이다. 이처럼 건설 분쟁은 양측에게 대등한 싸움이 아니고, 전문가와 비전문가의 싸움이라고 할 수 있다. 이것이 건축주가 분쟁의 초기 단계부터 부족한 전력을 보강해서 전문가의 도움을 받아야 하는 이유이기도 하다.

어설프게 직접 대응하는 것보다는 전문가의 도움을 받는 편이 훨씬 지혜롭다. 속도 면에서도 비용 면에서도 가장 경제적이다. 따라서 건설 분쟁의 우려가 있다면 제일 먼저 나의 아군이 되어 줄

건설전문변호사를 찾는 것이 필요하다.

이 책은 건설 분쟁이 낯선 비전문가를 위한 조언들을 담고 있지만, 반드시 소송으로 끝까지 가서 승소하는 것을 목적으로 삼지는 않는다. 오히려 소송으로 가지 않고 원만하게 약정 공사 기간 안에 공사를 마치고 준공정산하는 것이 1차적 목적이다. 그러나 역설적으로 소송에 가더라도 이길 만한 주장과 증빙을 확보하는 것이 상대방으로부터 원만한 준공정산을 이끄는 힘인 것을 많이 보았다.

분쟁은 내가 원하지 않는다고 피해지는 것은 아니다. 상대방이 소송을 제기하는 것까지 막을 수는 없지만, 최소한 분쟁의 초기 단계부터 사안에 잘 대응하고 그에 대한 명확한 자료와 증거를 확보한다면 소송으로 가지 않고, 설사 소송을 하더라도 승소 가능성과 속도를 단축하는 방법이 될 것이다.

분쟁의 초기 단계라면 더욱 좋겠지만, 이미 상대방의 내용증명이나 소장을 받은 단계라도 마찬가지이다. 늦은 때는 없다. 당신이 다 해야 하는 것도 아니다. 그저 전문가를 찾는 일에 에너지의 절반을 쓰고, 그 변호사를 돕는 일에 나머지 절반을 쓰면 충분하다. 자, 시작해보자!

박 세 원

2장

건설 소송을 알아야
소송전쟁에서 승리한다

3장

변호사를 잘 뛰게 하려면
당신은 어떻게 해야 하는가?

4장

건설 전문 변호사,
어떻게 찾아야 하나

건설 공사 중 분쟁의 지뢰밭은 어느 지점인가?

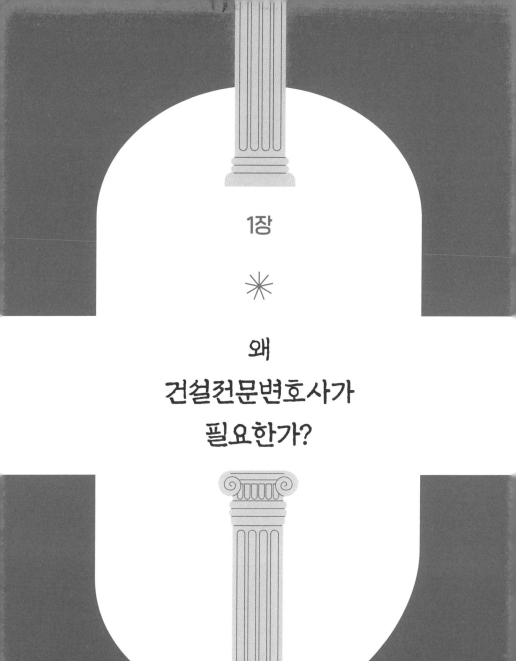

1장

⁎

왜
건설전문변호사가
필요한가?

건축 과정의 법적인 리스크는
어떤 것이 있을까?

집을 지으면 10년 늙는다는 말이 있다. 공사를 발주하는 것이 쉬운 일이 아니라는 뜻이겠다. 주변에서 누가 집, 건물을 샀다는 소리는 간간히 들어도, 직접 지었다는 말은 듣기 어렵지 않은가. 이러니 건축주가 건축 과정에서 접하는 문제들에 대하여 주변의 경험으로 해결책을 얻기는 쉽지 않다. 설령 주변에 건축을 경험한 지인이 있더라도 그들이 전부 건축 전문가는 아니다. 일생에 한두 번의 경험뿐인 경우라면 그 주관적인 경험을 보편적인 건축 실무를 아는 것으로 보기는 어렵고, 그에 따르는 것이 본인에게 그리 도움되지 않을 가능성이 높다.

그러니 건축주가 되기로 마음먹었다면, 주변 지인의 조언을 찾아 헤맬 것이 아니라 건축 단계별로 그 일에 능숙한 전문가들을 잘 찾아, 그 전문가에게 필요한 도움을 받는 것이 가장 효율적이고도 경제적이다.

건축단계별로 만나는 전문가로는 당연히 건축사, 시공사를 떠올리겠지만, 의외로 변호사의 역할도 중요하다. 10년 늙는 이유 중 상당 부분은 법적 리스크일 것이다. 건축의 각 단계에 법적인 리스크는 어떤 것이 있을까. 건축 단계별로 살펴본다.

⑴ 토지 매입단계

건축의 첫 단계는 토지 매입이다. 단순한 토지 매매계약이라면 공인중개사로 충분하고 굳이 변호사의 자문이 필요하지는 않다. 그러나, 토지매매계약과 함께 이미 매도인이 그 토지에 대하여 받아둔 인허가상의 권리의무를 승계하거나, 토지에 대한 개발사업 시행권을 함께 양수받는 것이라면 얘기가 다르다. 반드시 변호사의 자문이 필요하다.

이런 사례는 주로 수도권이 아니라 지방의 외곽 토지거래에서 흔히 발생한다. 부동산 시행사가 산지, 임야를 개발하여 판매하는 것인데, 매수인들이 관심을 보이도록 산지를 깎아 평탄화하거나 도로를 개설하는 등 개발의 초기 단계의 작업을 진행하여 건축이 가능한 토지로 형질변경을 해두거나, 위 토지에 대한 개발행위허가절차에 착수하는 등 토지의 가치를 상승시킨 상태에서 매수인을 찾는 것이다.

이런 부동산시행사와의 거래는 매우 분쟁이 많은 영역이다. 일대의 개발 호재, 장래의 토지 가치에 대하여 시행사의 설명에만 의존하여 토지의 사업성을 판단할 경우, 그 사업성에 대비하여 매매가격이 매우 저렴하고 수익성이 좋다고 여길 수 있다. 그러나 그 설명이 불완전한 경우도 있고, 예상치 못한 추가 부담이 발생할 수도 있다.

사후에 주로 분쟁이 생기는 부분은 토지매매 계약 자체가 아니라, 그와 함께 승계받은 권리, 의무나 인허가와 관련된 부분이다. 사업시행자나 토지주에게 부과되는 예상하지 못한 채무가 뒤늦게 확인되기도 하고, 위 토지에 대한 인허가절차가 원활히 진행 중인 줄 알았는데, 추가적인 장애나 막대한 비용이 확인되는 경우이다.

뒤늦게 매도인(부동산 시행사)에게 속아서 계약했다고 판단하여, 계약을 없던 일로 하고자 계약해제, 형사고소 등을 하려 한들 쉽지 않은 경우가 많다. 이미 토지를 취득한 이후에는 매도인과의 관계를 넘어 제3자와의 관계에서도 분쟁이 발생할 수 있다. 개발행위인허가나 사업양수도와 관련하여 행정관청이나 제3자와의 사이에 소송이 생기거나 세금 문제가 생기기도 한다.

사실 매도인과 매수인은 명백히 이해가 상반되는 관계이다. 하다못해 과일가게에서 과일을 사더라도 매도인의 설명을 곧이곧대로 믿으면 안 된다는 것이 상식이다. 그럼에도 불구하고 거액의 토지거래에서, 대부분 대출까지 얻어서 진행하는 사업에 관하여 잘 알지도 못하는 매도인이 설명하는 대로 사업성을 믿고, 그가 말하는 인허가 조건, 대출조건, 그동안 개발 행위의 가치들을 그대로 믿는 것은 무엇 때문일까? 무슨 말인지 제대로 이해하지 못한 채 받은 계약서에 그대로 도장을 찍는 일은 의외로 흔히 발생한다.

나중에 문제가 생긴 후에 뒤늦게 생각해 보면 너무도 허술한 계약이었다. 애초에 사업성이나 인허가가 성공적으로 이루어질 가능성이 애매했고, 그 설명이 두리뭉실할 뿐 아니라 객관적인 증거로 확인되지 않은 부분이 많았는데, 그 말을 믿고 계약을 했다니….

아마 계약을 결정할 당시에는 '매우 좋은 기회인데 나만 이해를 못하는가 보다. 내가 이 분야를 잘 몰라서 못 알아 듣나보다'라고 스스로 이해를 포기한 것이 원인일 것이다. 이해를 포기한 이상 더는 구체적인 설명이나 증빙을 요구함 없이 대담하게 계약을 결정하고, 잘 이해하지 못한 계약서에 도장을 찍는 것이다. 계약 자체에 대한 구체적 이해를 스스로 포기한 결과, 이해되는 분야의 계약이었더라면 포함시켰을 최소한의 예방 장치도 없이 허술한 계약서 초안 그대로 도장을 찍는 일이 발생한다.

이렇게 일단 계약이 체결되어 사업시행자 지위를 양수받고 나면, 그제서야 사업 관련 채권자들의 내용증명, 가압류 통지서 등이 매수인에게 송달되고, 부동산 담보 대출 등 사업 관련 채무도 매수인에게 넘어온다. 순식간에 사업상 채무를 구체적으로 짊어지게 된다. 그제서야 해당 사업에 관하여 너무도 많은 문제가 있었다는 것을 알게 된다.

그러나 그 즈음에는 이미 매도인과 연락이 안 되거나, 연락이 되더라도 매도인에게 지급한 매매대금이 매도인 수중에 남아 있지 않을 가능성이 높다. 이미 매도인의 다른 채권자에게 돌아갔거나, 그 채권자들이 대금에 대하여 가압류를 해놓아 반환이 불가능한 경우가 대부분이다.

억울하긴 해도 막상 계약을 해제할 만한 법적인 사유가 있냐 하면 그건 또 쉽지 않은 경우가 대부분이다. 시행사들은 전문가이다. 도시에서 거주할 아파트를 매매할 때 만나는 매도인이 평범한 이웃인 것과 다르다. 시행사는 시행사업을 하면서, 인허가에 대해서만이 아니라 체결할 계약들의 내용과 문구, 법적 리스크에 관하여 법률자문을 받는다. 이런 전문가와 거래하는 것이라면, 그가 제시하는 내용대로 계약을 체결할 것인지 여부 및 내용에 대하여 자문을 받는 것이 안전하다.

계약 체결 여부를 결정하기에도 필요하고, 계약 체결을 결정하였다면 시행사가 제시하는 계약의 내용이나 조건 등을 그대로 받아들여도 되는 것인지 및 수정할 내용 등을 판단하기 위해서도 필요하다.

우선, 매매계약 체결 여부를 결정함에 있어서는, 설명받은 사업성의 근거들이 객관적인 것인지를 파악할 필요가 있다. 인허가의 추진 가능성, 인접토지와의 경계, 사업시행권을 양수하는 경우에는 그 사업상의 채권채무관계 등이 어떠한지를 매도인에게 서면으로 설명을 받아둘 필요가 있다. 계약 전 단계에서도 협조가 어렵다면 섣불리 계약해서는 안 된다.

위 사업과 관련하여 매도인, 그의 채권자들에게 직접 사업 관련된 현황을 확인해두면, 예상 못한 사후적인 채무 발생도 줄일 수 있고, 설명과 다름이 추후에 확인될 경우 그에 대한 책임을 물을 근거가 될 수도 있다.

여러 위험성들을 구체적으로 점검해보고 나서 계약을 결정해도 늦지 않다. 구체적으로 현황을 확인하고나서 사업성을 판단할 일이다. 위험을 감수하고라도 계약할 만한 가치가 있는 것인지는 사업성의 영역이지만, 그에 앞서 현황을 객관적으로 파악하는 것까지를 포기하여 리스크를 추가할 필요는 없다. 계약하더라도 계약 시 확인해야 할 사항과 인수인계받아야 할 내용을 놓치지 않는다면, 사업리스크를 상당한 수준으로 줄일 수는 있을 것이다.

리스크 없는 사업이 없다지만, 리스크의 크기를 현실적으로 파악되어 있으면 최소한 계약조건을 합리화하는 데에 도움이 될 것이다. 계약금액을 낮추거나, 잔금 지급기나 지급 조건을 조정하거나, 계약해제의 요건, 손해배상, 위약금, 잔금 지급의 조건 등의 예방 장치를 제대로 둘 경우, 사후의 후회를 줄일 수 있다.

⑵ 설계단계

토지가 확보되었다면 다음 단계는 설계이다. 설계는 설계사에게 의뢰하여 건축주의 목적과 용도에 부합할 뿐 아니라, 건축법규를 준수하는 설계도면을 만들어 건축허가를 받는 과정이다. 건설분쟁 중에 건축사를 상대로 건축사의 설계 오류나 감리 소홀에 대한 책임을 직접적으로 청구하는 소송은 흔하지 않다.

그러나, 아이로니컬하게도 거의 모든 건설소송에서 설계도서의 불명확이 분쟁의 원인이 된다. 해당 자재나 공사의 시공이 당초의 계약범위에 속하는지 아니면 추가공사인지, 현재의 시공상태가 미시공이나 하자인지가 다퉈질 때, 그 핵심은 설계도면과 내역서이기 때문이다. 설계도서는 시공사의 시공 범위와 시공 품질이 무엇인지의 기준이기에 소송을 진행하다보면 '설계도서가 좀더 명확했더라면, 내역서가 좀더 촘촘했더라면' 하는 아쉬움이 늘 있다.

이 같은 문제가 발생하는 것은 발주자가 설계사에게 의뢰하는 설계용역 계약의 과업 범위가 협소한 것이 큰 요인이라고 알고 있다. 건축주가 설계 단계에서 설계사에게 설계용역을 의뢰할 때 건축허가를 받기에 필요한 최소한의 도면, 즉 허가도면까지를 과업 범위로 의뢰할 것인가, 이를 넘어 건축주가 시공사와의 공사도급계약을 위한 필요까지 고려하여 상세도면과 물량내역서 등까지를 의뢰받는가 하는 용역범위(과업범위)의 차이가 원인이라는 것이다. 이 같은 상세한 도면이 있으면 시공과정에 발주자와 시공사 간에 분쟁할 일이 최소화된다.

변호사의 관점, 즉 법적인 리스크, 분쟁 가능성을 줄이는 측면에서 보자면 당연히 설계사에게 상세도면과 물량내역서까지 확보하고 시공사를 선정하는 것이 안전하다. 간략한 건축허가도면만을 가지고 시공사에게 공사를 발주하는 경우, 그 상세화되지 않은 수많은 항목들이 하나 하나 시공 도중 분쟁 항목이 될 수 있다. 계약의 많은 항목이 미정인 계약이기 때문이다. 이 같이 미확정인 항목들로 인해 공사비와 공사기간의 증가로 이어질 수 있다. 설계도면이 구체적일수록, 비전문가인 건축주가 전문가인 시공사와 논쟁할 일이 줄어든다.

(3) 시공단계

건설 분쟁의 대부분은 그나마 시공이 끝난 후 준공정산 단계에서 발생한다. 보통은 시공 자체는 마무리된 후, 정산할 공사대금의 액수 및 마무리의 완성도, 오시공, 하자 등에 관하여 분쟁이 발생한다. 그와 달리 드물기는 하나 이미 시공 도중부터 공사가 삐걱거리거나 아예 중단되는 경우도 있고, 이는 소송으로 이어질 가능성이 높다.

공사가 중단되는 원인은 무엇일까. 시공사의 열악한 자금 사정이 가장 큰 원인이다. 우리 현장에 투입되기 전부터 이미 시공사가 선행 현장에 투입된 자재대금, 장비대금을 제대로 결제하지 못한 경우, 그 미불금(未拂金) 채권이 우리 현장의 공사에 영향을 미치는 것이다.

그 미불금 채권자들이 우리 현장의 기성고(旣成高) 공사대금 채권을 채권 가압류하는 경우가 대표적인 예인데, 건축주 입장에서는 그 전처럼 시공사에게 기성금을 전부 지급할 수는 없다. 이중지급의 문제가 생길 수 있고, 기성금을 지급하지 않으면 현장 공사의 진행이 방해될 수 있으므로 대책이 필요하다.

채권 가압류가 없더라도 문제가 없는 것은 아니다. 시공사가 이 현장의 기성고 공사대금을 받아서 이 현장의 자재대금, 노임을 집행하지 않고, 기존 현장의 미불금 채권자들에 대한 채무변제로 대금을 전용(轉用)하면, 우리 현장 채권자들에게 미지급금이 누적되는 결과가 된다. 현장업체들이 자재나 노무 제공을 거부하거나 유치권을 행사하면 자연스레 공사중단, 준공지연의 문제가 생긴다.

이런 경우 건축주는 시공사와 체결한 공사도급계약을 해제할 것을 심각하게 검토해야 한다. 공사도급 계약이 중간에 해제되는 경우를 건설 실무에서는 '타절(打切)'이라고 부른다. 일본식 한자어인데, '건설도급계약의 중도 해제'에 대한 적절한 대체 용어가 없어서인지 '타절, 타절정산'이라는 용어가 빈번히 사용된다.

타절정산은 매우 분쟁이 많이 발생하는 분야이다. 특이한 점은 대부분 시공사측에서 건축주를 상대로 제기하는 소송이라는 점이다. 그리고 그 대부분은 계약해제 단계에서 정산 내용을 정확하게 문서로 작성했더라면, 당시의 증거들을 꼼꼼히 챙겼더라면 존재하지 않았을 분쟁이고, 대체로 건축주로서는 예상못한 기습적인 소송일 때가 많다. 그 이유를 살펴보자.

내 경험상 타절정산 사례의 대부분은 건축주와 시공사 양측이 정확히 정산했을 때 시공사가 건축주로부터 받을 미지급금이 있는 사안보다는, 오히려 건축주가 시공사에게 과기성금 반환청구나 지체상금(遲滯償金, 공사지체에 대한 손해배상금)을 청구할 상황이 훨씬 많다. 보통 시공사가 자금사정이 어려울 경우, 건축주에게 이같은 점을 호소하며 이 현장자재들이 원활히 반입되도록 실제 기성보다 과기성을 지급해 줄 것을 요청하는 경우가 많고, 보통의 건축주들은 시공 독려 차원에서 어차피 지급할 기성금이라 생각하며 과기성으로 지급하는 경우가 많기 때문이다.

과기성금 반환보다 더 금액이 큰 것은 보통 지체상금이다. 공사도급계약에는 대부분 지체상금 약정이 있는데 통상 1일 지체상금이 총 공사대금의 0.1~0.3%로 약정되어 꽤 큰 금액이다. 시공사로서는 타절정산을 엄밀히 할 경우, 설령 미지급금이 일부 있더라도 지체상금을 감안하면 실제로 타절정산금을 수령할 일이 많지 않다.

이처럼 엄밀한 타절정산이 대부분 시공사에게 불리하다보니, 현장 철수하는 시공사들은 대부분 애매모호하게 현장을 떠난다. 참고로, 시공사 입장에서 건축주로부터 덜 받은 공사대금이 있는 경우라면 시공사들은 현장을 떠나기 전에 명백히 내용증명으로 미지급금의 내역을 보내며, 그 미지급금을 '객관적으로' 요구하고, 주로 내용증명을 보내는 경우가 대부분이다. 20년 동안 건설소송을 수행해 온 나의 경험상 시공사가 현장에서 미지급 공사대금이 남은 상태에서, 건축주에게 아무런 청구 없이 현장을 그냥 떠나는 경우는 거의 본 적이 없는 듯하다.

보통의 건축주들이 타절 시점에서 시공사에게 제대로 타절정산 문서를 요구하지 않는 것은 타절정산이라는 절차 자체가 낯설기도 하고, 귀찮기도 해서이다. 여기에 더하여 '이 정도 손실이면 크지 않으니 감수하자. 시행착오를 교훈 삼아서 빨리 후속업자를 찾아서 빨리 공사를 끝낼 생각이나 하자'라는 생각이 많은데, 정작 '이 정도 손실'이 끝이 아닐 수 있다는 것이 문제다.

몇 달 후나 몇 년 후 시공사가 제기한 공사대금 청구소송의 소장을 받을 수 있다. 보통 시공사가 자금 사정이 열악해서 현장 철수하는 경우, 이후 더 자금사정이 열악해지면 추심전문가들이 회사에 입사해서 기존 현장들의 서류를 뒤져서 일률적으로 소송을 제기하기도 하고, 그 시공사의 채권자들이 추심금 소송을 제기하기도 한다.

일단 소송이 시작되면 시공사의 현장 철수 전 최종 기성현황이 핵심이 되는데, 그 최종 기성고에 대한 객관적 증거가 없을 경우 건축주가 자기 비용을 들인 후속 공사와의 경계가 모호하여 시공사의 몫이 과도하게 인정될 수 있다.

요약하자면, 만약 계약을 해제하기로 결정했다면 적법한 해제가 되도록 해제통지의 절차와 내용을 준수해야 하고, 해제에 따른 정산합의를 분명하게 문서로 남겨야 한다. 도급계약의 타절은 분쟁이 매우 빈번한 분야이기 때문이다.

⑷ 준공정산

준공시점에 정산서를 받게 되면, 최초 공사대금보다 20%에서 50%까지 증액되는 일이 비일비재하다. 착공 전에 시공사를 선정할 때는 몇 개 시공사의 견적 금액을 세밀하게 비교한 것이 무색하게 되고 만다.

앞서 서술했듯이 최초 계약시에 세부 항목이 구체적이지 않을 경우, 시공 도중에 설계변경, 추가공사가 다수 발생한다. 시공사는 이를 일일이 "당초 공사내용과 다른 자재, 변경이다. 규격변경이라 추가대금이 발생했다"고 말하고, 건축주들은 심정적으로 '원래 계약 범위에 포함되었을 텐데, 내가 속는 것은 아닌가' 싶어 불안해하는데, 막상 시공사의 주장이 실제로 객관적으로 정당한 것인지 아닌지에 대하여 스스로 판단하지 못하는 경우가 대부분이다.

준공정산 단계에서 분쟁 항목 전체를 일괄적으로 명확하게 합의하지 못한다고 하더라도, 최소한 개별 항목별로 당부를 판단하여 분쟁의 범위를 최소화하는 것이 필요하다. 이견의 범위를 대폭 줄이는 것만으로도 소송의 가능성을 줄여준다.

⑸ **여기까지 갈 수 있을까?**

　건축의 전 과정이 잘 이해되는가? 그렇지 않더라도 상관없다. 건축할 때 스스로 설계도면을 그릴 능력이나 건축인허가 조건을 알 필요가 없는 것처럼, 직접 골조공사를 할 기술이 없어도 되는 것처럼, 계약서나 내용증명을 이해하고 대응할 능력이 꼭 스스로에게 있어야 하는 것은 아니다. 오히려 모를 때는 어설프게 직접 대응하지 않는 것이 지혜롭다. 전문가의 도움을 받는 것이 지혜롭다. 속도면에서도 비용면에서도 가장 경제적이다.

건설전문변호사의 필수 덕목
: 전문성과 진정성

모래사장에서 진주를 식별하는 힘, 전문성

변호사의 업무는 모래사장에서 진주를 찾는 것과 비슷하다. 방대한 사실 관계와 자료 속에서 법적으로 의미있고 유리한 사실 관계, 자료를 찾아서 법리를 구성하여 설득력 있는 주장으로 만드는 과정이다. 소송에서라면 재판부 설득이 목표이고, 소송 전 단계라면 상대방과의 갈등이 소송 없이 빠르고 원만하게 유리한 해결을 얻는 것이 목표일 것이다.

방대한 모래밭 속에서 진주를 알아보려면 전문성이 필요하다. 건설분야에 대한 지식과 경험이 있어야 같은 자료 속에서 유의미한 사실 관계를 구분할 수 있다. 유리한 것을 아는 것뿐 아니라, 불리한 부분을 파악하는 것 역시 소송의 진행 방향을 결정함에 있어서는 매우 중요하다. 의뢰인의 유불리를 포함하여 전체 사실 관계와 현황을 정확히 파악해야, 이를 토대로 법리적으로 구성할 수 있다. 결국 사실 관계의 파악, 법리 구성 등 모든 면에서 동종 분야의 지식과 경험이 중요하다.

다른 분야와 달리 공사도급 계약에서는 '계약서' 대신 '계약문서'라는 표현이 주로 사용된다. 다른 분야에서 계약서라고 부르는 낱장 짜리 종이는 보통 '계약서 갑지'라고 불리고, 그 외에 일반조건, 특수조건, 설계서, 내역서, 시방서가 포함된다.

분쟁의 핵심이 되는 사항 역시 계약서 갑지보다는 내역서, 설계도서와 관련하여 발생한다. 그러니 공사도급계약서 갑지의 한글 문구 몇 글자를 고치는 것으로는 분쟁을 예방하는 것에 큰 의미가 없다. 내역서와 설계도서, 시방서에 어떠한 내용이 담겨 있는지, 특수조건이나 내역서에 쟁점 사항이 어떻게 기재되어 있는지가 보다 중요하다.

대부분의 건설소송에서 분쟁사항에 관하여 당사자간에 서면합의서가 있는 경우는 오히려 드물다. 따라서, 문서합의서가 없다고 단념하기는 이르다. 현장의 상황이나 진행 경과, 원·피고가 각 과정에서 취한 태도 등을 토대로 원·피고 간의 합의사항 및 당시의

현황 등으로 증거가 보강되어 승패가 갈리는 예가 적지 않다. 작업
일보, 공정회의가 없는 현장이라도, 자재반입 시기와 현황, 물량,
시공에 참여한 현장관계자들의 진술 등이 유익할 수 있다.

　1년 차 변호사 때 처음 건설사건을 접했을 때의 느낌은 외국서
적을 읽는 느낌이었다. 알파벳을 하나하나 알아가야 하는 수준으
로는 영어회화에 낄 수 없다. 분명히 진입장벽이 있는 분야이다.
건설소송을 위해서는 일반적인 민사법리만이 아니라 건설공사의
시공과정에 대한 지식과 경험이 있는 변호사가 필요하다.

광범위한 모래사장을 뒤지는 열의, 진정성

　아무리 건설분야에 지식과 경험이 있는 변호사라고 하더라도,
그래서 진주를 알아보는 눈이 있다고 하더라도, 모래사장에서 진
주를 찾아내기 위해서는 모래사장을 뒤지는 비효율적인 과정을
견디는 '진정성과 열의'가 필요하다.

　사실 전문성과 진정성이 중요하다는 것은 모든 소송분야에서
공통이지만, 건설소송은 다른 사건보다 뒤져야 할 모래사장이 넓
고 크기 때문에 그 진정성으로 좌우되는 힘은 더욱 크다.

　계약서는 듬성듬성하고 시공 과정의 계약 변경은 많은데 문서

의 형태로 계약 변경을 하는 경우는 극히 드물다보니, 변호사의 역량이나 노력에 따라 사실 관계의 파악 정도도 다르고, 증거의 확보 수준이 다르니 당연히 재판부에 대한 설득력과 승부가 달라질 수 있는 분야이다.

계약 과정이나 관련 자료를 파악하는 과정은 다른 소송 분야에 비해 비효율적이다. 의뢰인들에게 추가적인 자료와 설명을 거듭 요구해서라도 넓은 모래사장에서 진주를 찾듯이 사건의 초반에 사실 관계와 자료를 구체화하는 번거로운 과정이 반드시 필요하다.

사실 관계 파악을 듬성듬성하게 하고 꼼꼼하지 않으면 유의미한 시그널을 대폭 놓칠 수 있기 때문이다. 쟁점을 누락할 수도 있고, 오히려 빼야 할 쟁점들을 무분별하게 주장하는 경우도 있다.

예를 들어, 변호사 A, B가 있다고 하자. A 변호사는 기록을 꼼꼼히 보고 a, b, c, d, e, 5개의 쟁점을 찾았다. 이어서 5개 쟁점별로 주장을 뒷받침할 증거가 있는지, 증거 간에 모순은 없는지, 사실 관계가 설득력이 있는지를 현실적으로 파악하느라 시간을 쓰고, 각 쟁점의 관련된 법리를 정교하게 다듬는데, 그 과정에서 최초로 고려한 5가지의 쟁점 중 상당 부분은 제외되기도 한다.

예를 들어, 초반에 찾았던 쟁점 중 a, d, e 쟁점에 대하여는 오히려 불리한 증거가 있거나 모순이 있고, 상대방에게 반격 논리가 있다고 판단되어 쟁점에서 제외된 결과 최종 준비서면에는 b, c만이 남고, 오히려 초반에는 찾지 못했으나 쟁점을 구체화하는 과정에 새로운 쟁점인 f가 추가되었다.

반면 B 변호사는 건설분야의 법리에 능숙하지만, 구체적 기록을 꼼꼼히 검토하는 일에 소홀하여 전형적인 쟁점 b, d 정도를 발견하고, 그에 대하여 법리를 구성하였다. 이를 문서화하는 일이나 언어로 표현하는 일에도 큰 고민 없이 서면을 완성하였다

결과적으로 A, B 두 변호사의 서면을 보면 2~3가지 정도의 쟁점을 서면에 반영한 점에서 비슷해 보이지만, 이후 소송이 진행되면서 조금씩 달라진다. B 변호사는 2가지 쟁점만을 파악한데다가 그 중 d는 이미 A변호사가 미리 예상한 약점이 있었기에 상대방의 반박과 그 증거들을 통해 곧바로 주장의 설득력이 없어졌다.

첫 번째 서면에 몇 가지가 쟁점화되었는지를 떠나, A변호사는 최종적으로 서면에 반영한 것은 2~3가지만 총 6가지 쟁점에 대하여 파악한 것이다. 반면 B변호사는 전체적인 사건 파악에 미흡하여 여러 쟁점을 간과한 상태일 뿐 아니라, 그나마 찾은 b, d 쟁점 역시 그중 좀더 살폈더라면 배제했을 d 쟁점을 배제하지 못한 문

제도 있다.

5가지를 주장하였다가 4가지가 반격을 당하는 것과, 신중하게 반영될 만한 1가지를 주장하는 것을 비교한다면 후자의 가치가 훨씬 높다. 1걸음 전진으로 동일한 것이 아닌가 생각할 수 있지만, 소송상에서는 동일한 결과가 아니다. 주장하였다가 상대방에 의해 객관적인 증거로 반박을 당하기를 반복한다면, 우리측의 전체적인 주장의 신빙성에 현격한 타격을 받는 것이다.

건설소송에서는 법리, 지식, 정보도 필요하지만, 이를 구체적 사건에 적용하는 과정에 비효율을 견디며 신중히 사건을 다루는 진정성이 필요하다 하겠다.

건설전문변호사는
일반 변호사와 무엇이 다른가?

제너럴리스트와 스페셜리스트

변호사는 제너럴리스트와 스페셜리스트로 분류된다. 보통 저년 차 변호사들은 바로 단독 개업하기보다는 로펌에서 파트너 변호 사가 수임한 사건을 함께 수행하는, 소위 어쏘 변호사(어쏘시에이트 변호사의 줄임말)의 시간을 보내며 사건을 배운다.

어쏘 변호사로 몇 년간 다양한 유형의 사건들을 접하다보면 차 차 자기 성향이나 적성에 맞는 분야를 찾아가게 된다. 그 과정에 싸움과 승패가 있는 소송 자체가 본인 적성에 맞지 않아 사내 변호 사로 가는 경우도 있고, 소송이 적성에 맞지만 현재의 로펌에서 원 하는 분야의 사건을 접하기 어려우면 좀 더 관련된 사건을 배울 수 있는 로펌으로 이동하기도 한다. 공공기관으로 이직하기도 한다. 나의 경우는 1년 차 때 여러 사건을 접해보는 과정에 건설 사건이 가장 적성에 맞아서, 건설 사건을 집중적으로 접할 수 있는 로펌을 찾아 지금의 로펌으로 이직해서 어쏘 기간을 거쳐 파트너가 되었다.

의사로 비교하자면 변호사 1~2년 차까지는 인턴과 유사하다. 파트너가 배당하는 민사, 형사, 가사 등 다양한 사건을 접하고, 3년 차 이상이 되면 레지던트와 유사하게 수행하는 사건 분야가 각자 조금씩 달라진다. 로펌은 교육기관이 아니니 로펌 내에서 맡기는 일을 닥치는 대로 해야 하지만, 여러 어쏘 중에서 어떤 어쏘가 특정 분야에 계속 관심을 보이고 공부하려는 의지가 있으면, 이왕이면 그 분야 사건을 그 어쏘에게 주게 되고, 그 분야의 사건 경험들이 쌓이면 계속 그 어쏘에게 동종 사건을 주는 것이 상례이기 때문이다.

모든 어쏘 변호사들이 스페셜리스트가 되길 원하는 것은 아니다. 자신이 근무하는 로펌의 파트너가 제너럴리스트여서 주어지는 사건이 여러 분야의 사건이 혼재된 경우도 흔하고, 어쏘 스스로가 여러 분야를 다양하게 접하기를 원하는 경우도 있다. 결과적으로 절반 이상의 변호사들은 제너럴리스트로 성장한다. 가정의학과 전문의와 비슷하달까? 세상의 분쟁 유형은 몇 가지 전문 분야로 유형화하기에는 다양하니 자연스러운 일이다. 결과적으로 현업에 있는 변호사들 중에는 스페셜리스트보다 제너럴리스트가 훨씬 더 많다.

건설소송은 제너럴리스트가 아니라 스페셜리스트의 분야이다

건설소송은 제너럴리스트가 아니라 스페셜리스트가 수행해야 하는 분야이다. 소송은 발주자와 시공사 간의 공사도급 계약, 원수급인과 하수급인 간의 하도급 계약 등 1건의 계약을 대상으로 시작하지만, 그 내포된 쟁점들을 보면 광범위한 관련자들의 쟁점이 나온다.

시공사와의 소송에 시공사에 대하여 미수금 채권이 있다는 시공사의 채권자들, 즉 하수급인, 자재업자, 노무팀장들이 복잡하게 엮이기도 한다. 발주자와 직접 계약관계가 없자만, 현장 채권자들이 공사를 방해하거나, 자재공급을 중단하거나, 채권가압류, 유치권행사 등의 문제를 일으키면, 준공지연과 연결될 수 있다는 점에서 발주자에게도 예민한 문제가 된다.

이런 공사 관련자들만 문제되는 것은 아니다. 인근 주민이 균열 및 소음 피해를 주장하여 제기하는 문제들이 생기거나, 건설산업

기본법이나 건축법, 하도급거래공정화에 관한 법률 등 행정적인 쟁점이 나오기도 한다.

따라서, 전반적으로 건설 분야의 계약구조나 분쟁 양상에 대한 시야와 경험이 넓은 전문변호사를 만나는 것이 좋다. 이왕이면 발주자, 원수급인, 하수급인, 노무팀장, 건축허가권자 등 다양한 당사자들의 입장을 겪어본 변호사의 도움을 받는 것이 좋다.

건설전문변호사를 찾는 방법

우선 직접 대면해서 상담해보면 제일 정확히 알 수 있다. 상담할 때 일반론적인 대화에 그치지 말고, 당신 사건의 사실 관계나 자료를 미리 보내되, 당신의 가장 머리 아픈 현안들, 지난 몇 주간 골머리를 썩고 있는 내용을 구체적으로 질문하여 상담하라. 변호사의 차별점을 제일 잘 확인할 수 있을 것이다. 당신에게 첨예한 쟁점을 질문하라는 이유는, 당신 스스로가 그 쟁점에 대하여는 다른 분야보다 잘 알고 있어서 변호사의 답변 내용을 식별할 만한 능력이 더 있기 때문이다.

아마도 그 쟁점에 대하여는 인터넷 검색으로, 혹은 주변 조언으로 지식이 좀 더 많을 것이고, 이것 저것 해결방법에 대한 고민도 많았으니 변호사의 상담내용을 이해하는 능력이 좀 더 있을 수도 있고, 변호사가 제시하는 해결방법이 이 사건에 적절한 해결방식인지, 당신에게 도움이 되는지 알아보기 쉬울 것이기 때문이다.

다만, 상담에 앞서 우선 변호사 사무실 홈페이지에서 그 변호사의 경력을 참고하는 것이 좋다. 수행한 사건들이 건설 분야의 사건들인지, 건설 분야의 사건도 다양한 바, 1~2가지 유형의 사건만 반복적으로 많이 수행한 것인지, 전반적인 건설 분야의 사건들을 다양하게 수행했는지를 보면 좋다.

대한변호사협회에 등록된 건설전문변호사라면 보통 홈페이지에 기재되어 있을 것이다. 대한변호사협회 전문 변호사등록제도는 '최근 3년 내의 소송 수행 건수, 관련 분야 수강 시간' 등을 기준으로 대한변호사협회에서 심사하여 등록을 허가한다. 물론 위 자격요건을 갖추어도 전문변호사 등록신청을 하지 않을 수 있으니 전문변호사 등록이 없다고 전문가가 아니라고 단정할 수는 없지만, 반대로 건설전문변호사로 등록되어 있다면 최소한 그 분야의 사건 경험이 많다고 추측할 수 있다. 참고로, 변호사 1인당 2가지 분야에 한정하여 등록신청을 할 수 있으므로 대부분 자신의 주력 분야에 대하여 등록신청을 한다. 나는 2012년에 건설 분야, 2017년에 국가계약법 분야에 대해 전문 등록되어 있다.

참고로, 스페셜리스트 변호사가 적합하다는 것은 '변호사'로서의 기본적인 경험이나 경력이 갖춰진 경우를 전제로 하는 것임을 주의할 필요가 있다. 변호사로서의 경력 자체가 너무 짧거나, 건설 분야의 경력이 특정 분야에 국한된 경우에는 소송 중에 발생하는 다양한 쟁점에 대하여 대응 능력이 부족할 수도 있다.

솔직히 사법시험제도하에서는 방대한 공부량과 시간으로 인해 제너럴리스트로서 기본 과목의 이해도에 대하여는 어느 정도 균질화된 수준을 기대할 수 있었던 것과 달리, 로스쿨 제도하에서는 법학 공부에 들이는 절대적인 시간 자체가 다르므로, 기존 사법시험과 사법연수원을 거치며 쌓이는 기본과목에 대한 절대적인 학습량보다는 미치지 못하는 것이 현실이다. 물론 개인의 노력과 역량에 따른 편차가 있지만, 어쨌든 최근에는 스페셜리스트로서의 경력만이 아니라 제너럴리스트로서의 경험 역시 살필 필요가 있어진 것이 현실이다.

아는 변호사가
과연 좋을까?

제1회 변호사시험으로 법학전문대학원(로스쿨) 졸업생이 처음 배출된 것이 2012년의 일이니 어언 12년이 지났다. 변호사 배출 규모가 크게 증가하면서 법률 서비스의 문턱이 낮아진 긍정적인 면도 있지만, 동시에 변호사의 법률 지식, 경험의 편차가 커지고, 그로 인한 리스크와 검증이 각 소비자의 몫으로 넘겨지는 부정적인 측면도 있다.

주변에 아는 변호사 찾기가 쉬워졌다고 하나, 아는 변호사가 있다는 것과 그 변호사가 내 소송 사건을 맡기에 적합한 변호사인가는 전혀 별개의 문제이다. 오히려 지인관계라면 그가 내 사건에 적합한 사람인지를 검증하거나 질문하기 더 어려운 경우도 있다.

혈연, 학연, 지연 등으로 알고 있는 변호사가 건설전문변호사라면 모르겠지만, '아는 변호사'라는 점이 사건을 위임하는 핵심 근거가 되는 것은 위험하다. 괜히 아는 변호사에게 맡겼다가 평소의 인간관계까지 애매해졌다고 말하는 이야기가 드물지 않다. 변호사들도 괜히 아는 사람 소송을 맡았다가 고생은 고생대로 하고 서로 서운함만 생겼다는 이야기를 하기도 한다.

아는 변호사와의 의사소통이 더 어려운 이유

애초에 변호사를 선임한 신뢰의 기초가 '사건 분야에 대한 전문성이나 태도'가 아니라 '인간적인 친밀함'에 있을 경우, 사건 외의 것들에 대한 복잡한 고려가 오히려 의사소통에 방해가 될 수 있다.

평소 친밀한 인간관계에 있는 경우, 서로가 함께 속한 집단 내에서의 관계와 평판, 양측을 소개해 준 사람과의 관계와 평판을 해치지 않으려는 복잡한 고려가 추가로 개입되기 때문이다. 오히려 사건만으로 만난 변호사와의 소통이라면 사건만 생각하면서 허심탄회하고 분명할 수 있는데, 평소의 인관관계나 평판에 영향을 미칠 수 있는 관계에서는 의사소통이 더 애매하고 불필요하게 복잡해지는 경우가 흔히 있다.

더 나아가 심지어 사건 분야에 전문성이 있는 변호사라도 인간적인 친밀함으로 인해 오히려 사건의 의사소통이 어려울 수도 있다.

얼마 전 나에게도 비슷한 경험이 있었다. 지인 A가 자기 남편 B가 부동산 투자사업에 잘못 개입하여 법원으로부터 소장을 받았다면서 상담을 왔었다. 나는 지인 A와 아는 사이였지만, 그 남편 B와는 몇 년 전에 한 번 본 적이 있었다. 그때 법률 상담도 이 사업과 관련된 것이었는데 여기저기 위태위태한 요소들이 있었고, 그러나 당장 대응할 만한 방법도 없어서 일단 지켜보자는 식으로 마무리가 되었다. 그때 이미 B는 관련된 지엽적인 소송을 1건 피소당한 상태였는데, 근무하던 회사의 고문 변호사에게 몇 번 상담하였다가 그에게 저렴하게 소송을 맡겼지만, 변호사의 소송상 대응이 소극적이어서 불안해하던 상태였던 것으로 기억한다.

이번에 상담을 왔을 때 A 부부는 이 사건을 나에게 맡기려 했다. 나의 전문 분야에 속하는 사건이기도 했고, 사건의 내용상으로도 누군가에게 맡기느니 내가 맡아 진행하는 것이 낫지 않을까 하는 생각도 들었지만, B 입장에서 배우자의 지인을 변호사로 하는 의사소통이 편할까, 허심탄회할까 싶은 걱정이 있었다.

상담시간 및 이후 통화에서 B가 사건 내용에 대하여 완전히 솔직하지 못하다 싶은 생각이 들었고, 불안함, 고민을 변호사에게 솔직히 상의하지 못한다는 느낌이 들었기 때문이다.

그래서 믿을 만한 후배 변호사 C를 추천해 줬었다. 이후 변호사 C에게 간간히 들으니 A는 전혀 관여함 없이 B와만 사건을 진행 중이고, B는 의사소통에 매우 적극적이라고 했다. 사건에 대한 궁금한 점, 불안감이나 사실 관계 설명, 자료 제공에도 적극적이라는 말을 들으니 다행이다 싶었다. 변호사 C가 진행하면서, 부인 A와 부인의 지인인 내가 빠지니까 B는 불필요한 고려 없이 사건에 집중할 수 있었던 듯하다.

이런 경우는 흔히 있다. 파트너 변호사의 개인적 지인 사건을 어쏘 변호사에게 맡길 때, 의뢰인이 더 허심탄회하게 불리한 사실 관계를 말할 수 있고, 직접이 아니라 간접적으로 파트너 변호사가 접하는 것이 의뢰인에게 더 마음 편할 때도 있다.

소송 수행 과정은 쌍방 의사소통의 과정이다

소송 수행은 변호사에게 맡기면 변호사가 알아서 판결문을 받아주는 일방적인 관계가 아니다. 상대방과의 공방 과정에서 새로운 쟁점, 사실 관계가 나올 때마다 새로운 쟁점을 협의할 일도 생긴다. 자신의 솔직한 입장, 약점이나 실수를 솔직히 드러내고 소통해야 하며, 그 과정에 상황 이해나 입장 정리를 위해 궁금한 것들을 변호사에게 물어야 할 일도 수시로 생긴다. 이런 과정이 원활하려면, 사건만 고려하면 되는 관계, 분명하게 나의 입장을 밝히고 의사소통하기에 편한 관계인 것이 중요하다.

평소에 알던 사이일수록,
불명확하고 애매한 의사소통에 익숙하다

평소에 알고 지내는 사이일수록, '어련히 알아서 잘 해주겠거니', '말안해도 알겠거니' 식의 묵시적인 의사소통이 늘어난다. 이런 식의 의사소통이 점점 쌓이면서, 명시적이이야 할 질문과 답변이 생략될 수 있다. 그로 인해 애매한 의사소통이 이어지면, 이면의 불필요한 오해와 해석이 쌓일 수 있다.

소송이 진행될수록 변호사와 의뢰인 간에 사건에 대한 이해와 의사소통의 수준이 높아져야 하는데, 오히려 당사자들의 머리와 마음이 복잡해질 수 있다. 현재의 소송 진행 상태가 최선의 과정인지에 대하여 모호하고 애매한 느낌이 있으면, 이를 어떤 식으로 변호사에게 말해야 하는지가 정서적으로 어렵다면, 변호사가 확실한 아군으로 느껴지지 않고, 이를 변호사와 직접 상의할 수 없다면 힘든 일이다.

차라리 처음부터 합리적으로 변호사를 찾아 소송을 맡겼다면,

아는 변호사는 여전히 아는 변호사로서의 역할이 있었을 텐데….
변호사의 소송진행에 관한 의문을 '아는 변호사'에게 상의라도 할
수 있었을 텐데….

'내'가 아니라 '나의 사건'을 잘 아는 변호사를 만나야 한다

소송에서 필요한 것은 '평소의 나'를 아는 변호사가 아니다. 내
가 아니라, 나의 사건을 가장 잘 아는 변호사여야 한다. 경험적으
로 보자면, 업무로만 아는 사이가 오히려 사건에 집중하기에 유익
하다. 업무로 쌓인 신뢰관계가 오랜 추억보다 더 허심탄회하고 나
을 가능성이 높다.

자기 상황을 스스로 알기 어려우니 전문가가 필요하다

아무리 자기 일이라고 다 꼼꼼하고 투철하게 처리하는 것은 아니다. 낯선 분야라도 도전하고 매사에 꼼꼼하고 통찰력 있는 일처리 능력이 있는 '파워 J' 성향의 사람이 있는 반면, 복잡한 것이 어렵고 부담스러운 사람도 있다. 나보다 유능한 누군가가 맡아서 가능한 알아서 해결해주기를 바라는 것이다. 그렇다면 건축 과정이나 소송 과정에서는 어떤 성향이 더 나을까.

자기 노력으로 대응하려는 유형

자기의 학습과 노력으로 대응하는 것은 의외로 매우 위험하다. 환자의 상태는 환자보다 의사가 잘 아는 것처럼, 건축공사에서도 그렇다. 발주자가 아무리 아침저녁으로 들여다보며 공사에 관심을 기울인다고 하여도, 그 현장의 상황을 잘 알 수 있는 것은 아니다. 현장에 있는 시공사나 그 직원들은 친밀해야 할 관계이기는 하나, 본질적으로는 이해관계가 상반되는 점에서 현장에 대한 지식을 그들에게 의존하는 것은 위험하다. 아는 만큼 보인다고, 공사 발주가 처음이라면 시공 과정에서 발생하는 상황들이 법적으로 갖는 의미나 유불리를 제대로 파악하기는 어렵다.

　상황 파악 자체가 정확하지 않다면, 그 상황에 대하여 행한 조치가 미흡하거나 부적절한 것은 당연한 귀결이다. 상황마다 부지런히 반응한 것이 오히려 소송에서는 불리하게 작용하는 경우도 있다. 차라리 게을렀더라면 생성되지 않았을 다수의 문서나 증거들이 양산되는 경우이다. 공문이든 문자든 객관적으로 남는 증거를 남긴다는 것은 유리하게도 불리하게도 작용할 수 있다. 보낸다는 자체가 중요한 것이 아니라 내용이 중요한 것이다. 그 밖에도 매사에 엄격한 관리감독은 오히려 시공사의 열의를 떨어뜨리고 공사 지연의 원인이 될 수도 있다.

　다만 이 같은 유형의 의뢰인은 변호사와 일하기에는 매우 좋다. 성실하고 이해가 빠르며, 이미 여러 쟁점에 관하여 많이 고민해 왔기에 변호사의 설명을 잘 이해한다. 변호사가 필요로 하는 사실 관계를 변호사에게 잘 전달하고, 보관 중인 자료가 꼼꼼한 경우가 많다.

이런 유형은 자신의 달란트를 셀프 소송이 아니라, 좋은 변호사를 찾는 일에, 그 변호사와의 팀웍으로 사용한다면 좋겠다.

누군가에게 맡겨 해결하는 유형

자기의 역량을 전적으로 믿지 않고 부족한 부분을 보완하겠다는 출발점은 좋다. 다만 믿을 만한 전문가에게 맡기고, 맡긴 후에도 어느 정도 관여를 한다는 전제에서이다.

일단 누구에게 맡길 것인가는 매우 중요하다. 자신의 관여를 최소화하고 싶다면 그 역할을 대신할 사람은 더욱 신중히 골라야 하지 않겠는가. 고양이에게 생선을 맡기는 꼴이 돼서는 안된다. 지인에게 맡긴다면 믿을 만한 사람에게 맡겨야 하고, 전문가에게 맡기려 한다면 전문가를 찾기 위한 적극적인 노력은 해야 한다. '지인에게 소개받은 지인'이라는 것은 막연한 근거이다. 최소한 '지인과 지인 간에' 건축 관련한 경험이나 검증이 있었는지도 알아보아야 한다.

그리고 누구에게 맡기든 맡기고 자신은 건축주의 역할에서 완전히 빠지겠다는 생각은 말아야 한다. 역할과 리스크가 대폭 줄어든다는 것이지, 완전히 방치해도 된다는 뜻은 아니다. 맡긴 이후로도 그 처리가 믿을 만한지를 확인해야 하다. 초기에는 촘촘히, 나중에도 중요한 사항은 확인해야 한다.

아무나 믿었던 한 건축주 A의 이야기

경기도 외곽에서 작은 공장을 운영하는 A는 공장과 직원 사택 총 2개 건물을 짓는 신축공사를 K에게 맡겼다. 지인의 소개로 알게 된 것일 뿐인데, 종교가 같다는 점에서 친근감이 들었다. A는 K의 견적서 금액을 네고하여 공사대금을 정했으니 나름대로 야무지게 계약했다고 믿었던 듯하다. 그리고 그의 야무짐은 거기까지였다. 이제 맡겼으니 건물이 완성되는 것만 지켜보면 된다고 생각했을지도 모를 일이다. K가 작성해 온 계약서 서식에 금액, 날짜 정도를 확인해서 계약서를 만들었고, 은행에 공사대금 대출을 알아보는 등 대출 절차도 대부분 K에게 의지했다.

K는 "공사대금 대출은 공사대금의 70~80% 등 정액으로 나오니, 대출을 넉넉히 받으려면 은행제출용으로 공사 대금을 높인 계약서를 만들어 제출하는 것이 좋다"라고 했고, A는 K의 말을 믿고, K가 만들어 온 은행제출용이라는 업(up)계약서(계약금액이 실제 약정보다 높은 계약서)에 날인했다.

결국 K는 공사 막바지에 현장에 자재, 인력을 제대로 투입하지 않아 공사현장이 흐지부지 지지부진하더니, 급기야 잔여 공사가 남은 상태에서는 연락도 끊고 현장에서 철수했다. A는 시공기간 동안 친해진 K의 작업반장 K2에게 일당을 주며 직영체제로 잔여 공사를 마무리했다. 그 과정에 새시가 현장에 반입되지 않아서 제조공장에 확인해 보니 K로부터 잔대금을 받지 못해서라기에 울며 겨자 먹기식으로 새시공장에 K대신 잔금을 지급하고서야 자재를 반입할 수 있었고, 작업자 인건비 역시 A의 몫이었다. 이 같은 자잘한 추가비용의 결과, A는 약정 공사대금보다 훨씬 많은 금액을 투입하고서야 어찌어찌 공사를 마무리했다.

그러나 이것이 끝이 아니었다. 몇 달 후 소장이 날라왔다. K가 A를 상대로 공사대금 잔금을 청구한 것이다. 공사를 완공했으니 잔금을 달라는 내용이었는데, 업계약서를 기준으로 잔금을 청구하는 내용이었다.

이때 A는 변호사를 선임한 것이 아니라, 또 다른 지인에게 소개받은 법무사를 통해 답변서를 만들어 제출했고, 법무사는 서면만 대신 작성해줄 뿐 법정에 대신 출석해줄 수 없으니 매번 변론기일마다 A 본인이 직접 법정에 출석해서 변론해야 했다. 1심 내용 후에도 1심 경과를 잘 알지 못했던 것으로 보아 아마 법정에서 재판부의 질문에 대하여 적절한 답을 하지는 못했을 것으로 추측된다. 재판부가 아마도 본인소송 중인 A에게 도움이 되는 질문이나 기회를 주었을 것 같은데, 그렇다 해도 아마 진의를 알기도 어려웠을 것이다.

A는 1심이 끝날 때까지 변호사를 선임하지 않은 채, 매번 법무사를 통해 상대방에 대한 반박서면을 제출했다. 그리고 K가 제기한 소송에 응소하는 것과 별개로 K를 상대로 소송 1건을 추가로 제기했는데, "오히려 A가 지급한 총액이 계약대금 이상이니 과지급금을 반환하라"는 내용이었다. 사실은 첫 번째 소송 내에서 반소로 청구할 수 있는 내용인데, 어째서 별건으로 청구하여 2건으로 만든 것인지는 의문이다. 다른 법무사 사무실에 의뢰한 것인지, 기존 법무사 사무실에서 별건 소송제기를 추천한 것인지 알 수 없지만, 어쨌든 2건을 별건으로 진행하는 것은 당사자에게 비용이나 에너지 소모 차원에서 부담스러운 것은 명백하다. 두 재판부가 담당하지만, 보통은 먼저 진행된 재판부의 판결 결과를 후속 재판부가 따라 재판한다.

실제로 두 번째 사건의 재판부는 "선행하여 진행 중인 소송과 실질적으로 쟁점이 같으니 첫 번째 사건의 판결 결과를 보겠다"라면서 변론의 진행을 정지시켰다(변론기일 추후지정이라고 함).

결국 K가 제기한 첫 번째 소송의 1심은 양측이 변호사 없이 수행되어 K의 승소로 끝났다. 이 사건은 선하고 사람 좋은 A 사장님의 억울함으로 인해 아쉽다.

A가 공사계약 전에 변호사를 만났더라면 무엇이 달라졌을까?

　앞선 사례에서 A의 실수는 무엇일까. A가 공사계약 전에 변호사를 만났더라면 변호사는 어떤 지점을 지적하며 조언하였을 것인지 알아본다.

　우선, 시공사의 선정기준이 아쉽다. 시공사의 시공 능력이나 업무상 신용의 정도가 기준이 되었어야 한다. '지인의 지인', '종교가 같다'라는 등 시공 실력과 무관한 기준만으로 시공사를 선정해서는 안 된다. 공사면허 보유 여부, 시공 실적이나 재정 능력 등을 확인했어야 한다.

　특히 소규모 공사일수록 시공사의 열악한 자금 사정으로 문제가 생기는 경우가 있다. 자기 현장에 투입되는 업체에게 자재, 장비대금을 제대로 지급하지 못하여 채무가 많은 시공사라면, 우리 현장에서 받는 기성금도 우리 현장의 비용으로 제대로 투입하지 못할 가능성이 높다. 이는 공사 중단, 공사 포기 등 문제를 야기한다. 시공사를 변경하는 경우 공사 기간, 공사 대금이 모두 대폭 증가되는 사유가 된다.

둘째로 건축주가 공사도급계약의 도급인으로서의 공사관리, 감독을 완전히 포기한 것이 아쉽다. A는 K의 현장 철수시까지 '믿거니'하면서 완전한 공사 관련된 감독을 스스로 포기하고, 일체의 내용을 맡겨 버린 것이다. 어떤 인연으로 시공사를 선정했든 상관없이, 건축주와 시공사는 본질적으로 이해가 대립하는 관계이다. 믿거니 하며 전폭적으로 맡기는 것은 어리석은 일이다. 계약의 체결, 대출 등 중요하고 민감한 사항은 건축주가 직접하든, 직접하기 어려우면 다른 제3자를 통해서든 점검했어야 한다.

K에게 전적으로 맡기고 방치한 결과, K가 현장을 언제부터 소홀히 한 것인지, 그 이유가 무엇인지, K의 현장 이탈의 정확한 시점은 언제인지도 미리 알 수 없었고, 사후로도 파악하기 어려웠다. 현장에 드나들던 자재업자, 노무팀 등도 전혀 모르니, 누구에게 물어야 알 수 있는지도 몰랐기 때문이다.

셋째로 함부로 계약서에 도장을 찍었다는 것이다. 특히 대출용이든 뭐든 가짜 계약서를 쓴다면, 그것이 진짜 계약서로 주장될 경우의 위험을 생각했어야 했다. 가짜 계약서라는 점에 대하여 별도의 각서나 확인서, 문자라도 받아뒀어야 했다. 내용이 다른 2건의 계약서가 존재할 경우, 상대방이 어떤 계약서를 소송에서 주장할까? 나에게 불리한 계약서가 등장하지 않겠는가.

참고로, K는 애초에 목적이 불순했던 것인지, 대출용이라며 A에게 작성하게 한 가짜 계약서가 진짜 계약서보다 더 촘촘하고 정밀했다. 첨부서류도, 내용도 훨씬 더 자세하고 분량도 많았고, 각 장의 이면에 간인까지 찍혀 있어서 외형적으로 훨씬 더 진지했다. 이 같은 이유로 항소심 재판에서도 업계약서가 진정한 계약서로 판단됐다.

A는 계약서에 도장만 찍은 것이 아니라, 대출 전체를 전적으로 K에게 맡겼던 듯하다. 대출은행의 담당자가 누구였는지도 모를 정도로 대출에 관한 일체를 기억하고 있지 못했다.

넷째, K의 현장 철수 후의 수습이 아쉽다. 미완성 현황에 대하여 증거를 남기지 않은 채 잔여공사를 진행한 점이 큰 실수이다. 건축주가 시공사에게 '현장 복귀, 잔여 공사 이행 등을 촉구'하는 문자, 카톡 등이라도 남겼으면, 당시 상황에 대한 간접적인 증거가 되는데, 이런 증거가 전혀 없었다. 공사 중단이 있었다거나 현장

철수했다는 점에 대하여 명확한 증거가 남아 있지 않았다.

다섯째, 잔여공사를 K의 작업반장 K2가 수행했다는 점도 아쉽다. 결과적으로는 시종일관 K2가 관여하여 시공한 결과, K의 공사 부분과 A의 후속 직영공사 부분의 구분이 명확하지 않았다. K소송에서 K는 전체 공사를 '시종일관' 자신이 했다고 주장했는데, 가장 큰 논거가 작업반장 K2가 일했다는 점이었다. 알고 보니 K2는 K가 물을 때마다 현장의 주요 진척 현황을 알려주고 있었고, 덕분에 K는 마치 준공을 순조롭게 마친 시공사처럼 공사 현장의 마무리 상태의 사진 등을 갖고 있었다. 이를 토대로 자신이 위 공사를 완료했다고 주장했다.

A와 K가 소송을 하는 상황에서 K2는 누구를 돕겠는가. 심정적으로 A에게 동조하더라도, K는 자신의 밥줄이다. 과거에도 미래에도 계속 일을 줄 사람이다. 최소한 소송에서 K2가 A에게 협조하기는 어렵다. 이런 점을 감안한다면 잔여 공사를 K2가 아닌 제3자에게 맡기거나, K2에게 맡기더라도 그때 그때 필요한 문서나 증거를 확보해두었어야 한다.

여섯째, K의 소장을 받았을 때, 법무사가 아닌 변호사를 선임했어야 했다. 가능한 건설전문변호사를 선임했어야 했다. 사실 이것이 다른 실수 중 가장 치명적인 실수라고 생각된다.

A처럼 자신이 사건에 대한 이해가 낮고 막막한 상황이라면 재판의 소송대리인을 선임하는 문제를 신중하게 처리했어야 했다. 법무사는 법원에 소송대리인으로 출석할 수 있는 지위가 아니라 서면 작성만을 대행하는 것이다. 즉 대리인이 있는 소송이 아니라 본인소송의 일종이다.

법정에 출석한다는 것은 재판부의 의문과 상대방의 주장 내용을 직접 파악하고 말과 그 다음 서면을 통해 그에 대한 해명 및 반박을 담기 위한 것이다. 법적인 의미를 알지 못한다면 A가 출석하고도 재판부의 의중이나 상대방의 주장 내용을 잘 알기 어렵다. 또 사건이 돌아가는 상황을 잘 알기도 어렵다. 재판부가 어떤 의문을 제기하고, 상대방은 법정에서 어떤 점을 추가로 주장하고 있는지 등 상황과 맥락을 알지 못한다면 향후 서면이나 변론기일에 설득력을 높이기 어렵다.

소송은 3심제이지만, 대법원은 법률심이고, 사실 관계를 다투는 일은 1, 2심에 국한된다. 그 중에서도 1심이 중요하다(이는 별도의 항목으로도 상술한다). 적극적으로 변론의 주장 방향, 증거 수집 계획을 세워서 제대로 대응해야 할 1심을 소홀히 한 것이 아쉽다.

실제로 이 사건에서도 항소심에서 처음 제기한 새로운 주장들이 "1심에서는 제기되지 않았던 주장"이라거나 "1심에서 스스로 인정한 내용과 다르다"라는 점에서 신빙성의 공격을 받았다. 몇 가지 예를 들면 이렇다. 법무사가 "원고 K가 공사를 마친 것은 사실이지만~~"이라고 쓴 부분은 사실은 후단에서 K의 미흡함을 강조하려는 서두였던 것으로 보이나, 1, 2심 재판부가 보기에는 건축주 A 스스로가 "K의 완공을 인정하고 다만 마무리가 일부 미흡했다는 주장"이었다. 항소심에서 변호사를 선임하니 법률적인 유리함을 고려하여 왜곡, 포장하는 것으로 오해할 수 있다.

나아가, "원고 K가 주장한 계약서는 실제 계약서가 아니다"라는 점을 1심에서는 명시적으로 주장하지 않았고, 항소심에서야 뒤늦게 처음 주장하였는 바, 이 점 역시 아쉽다. 이 같은 중요한 주장을 항소심에서 처음 주장할 경우, 이는 법리적인 유리함을 위한 가공이라는 오해를 받을 수 있다. 결과적으로 1심에서 명시적으로 다투지 않았던 '업계약서'가 진정한 계약서로 판단되었다.

일곱째, A가 제기한 2번째 소송이 아쉽다. 첫 번째 소송절차 안에서 반소로 제기해도 될 내용이다. A는 시공사를 선정할 때도 낮은 가격에 매력을 느낀 듯하고, 변호사가 아닌 법무사에게 위임한 것에도 비용문제가 있었던 듯하다. 그러나 결과적으로 A는 비용은 비용대로 쓰고 효과는 없는 비효율적인 진행을 한 셈이다.

변호사의 역할은 소송 전(前) 단계에서 더욱 중요하다.

소송 중 1심에서 변호사의 역할이 중요한 것처럼, 소송 전 단계에서 변호사의 역할은 같은 이유로 중요하다. 만일 A의 현장철수 시점에 건설전문변호사를 만났더라면 K의 미완성에 대하여 내용증명, 문자 등을 보내 당시 상황을 객관적으로 증거화하고, 미완성 상태의 기성고도 객관화했을 것이다. K2가 아니라 제3자에게 잔여공사의 견적을 의뢰하여 가능한 제3자에게 시공을 맡겨 잔여공사의 분량, 내용 등에 관하여 증거가 남도록 하였거나, 불가피하게 K에게 맡기더라도 문서, 최소한 문자나 카톡으로라도 K의 현장철수로 인해 더 이상 K의 작업반장으로서 일하는 것이 아니라, A와 별도로 계약한 일당 근무라는 근무 성격을 명백히 했을 것이다.

업계약서가 처음 소송상에 현출되었을 시점에라도 쟁점화했다면, 당시의 금융대출직원, 정황 등의 증거를 찾기가 쉬웠을 것이다 싶어 아쉽다.

건설분쟁의 초기에 향후 문제될 수 있는 예상 쟁점을 알아야 필요한 증거들을 적절히 수집할 수 있고, 이는 그런 쟁점들을 익숙히 경험해본 건설전문변호사만이 가능한 조언이다. A와 같은 타입의 건축주는 흔하고, A 역시 건설발주만 하지 않았다면 사실 평생을 법 없이도 사셨을 듯하다. 자신의 성향을 바꿀 수 없더라도 최소한 필요한 변호사를 찾는 일에서는 최선을 다하자.

1심이 전체 소송의
60% 이상의 비중이다

재판은 3심제이지만, 현실적으로는 1심은 전체 심급의 60% 이상의 중요성을 갖는다고 해도 과언이 아니다. 소송 기간 면에서도 그렇고, 서면 공방, 증거 조사의 내용이나 횟수, 변호사의 업무 투입 시간 등 여러 면에서 그렇다. 1심 판결과 최종 확정 판결 간의 관계에 비추어도 1심의 중요성은 매우 크다.

2021년의 전국 법원의 민사소송 처리결과를 보면, 항소심(2심)에서 항소가 기각되는 비율, 즉 원심이 그대로 유지되는 비율이 43.3%에 달한다. 항소심에서 판결내용이 달라지는 비율은 환송, 이송 등 형식적 판단을 포함해도 23.5%에 불과하다. 두 항목을 합산하여 100%가 아닌 이유는, 본안에 대한 판결로만 심급이 종료되는 것이 아니기 때문이다. 항소장 각하 명령, 소 취하, 항소 취하, 조정, 화해 등 다양한 방식의 종결이 있다.

대법원 상고심에서는 원심이 변경될 가능성이 더욱 줄어드는 바, 상고기각의 비율이 55.9%이고, 반면 원심이 파기되는 비율은 2.3%에 불과하다(법원행정처, 《2022 사법연감》, 제682~683, 686쪽).[1]

이는 상소(항소, 상고)한 사건의 처리 결과이므로, 아예 원·피고가 상소(항소, 상고)하지 않아 1, 2심 판결로 종결되는 사건 수까지 고려한다면 1심의 중요성은 더욱 크다. 1심은 소송가액에 따라 소액, 단독, 합의부 사건으로 구분되는데, 소송 가액이 적은 사건일수록 1심이 최종심이 되는 비율이 높다. 2021년 법원 통계에 따를 때, 소액 사건은 항소율 4.8%, 상고율 19.4%, 단독 사건은 항소율 18.7%, 상고율 30%, 합의부 사건은 항소율 41.7%, 상고율 25%이다(법원행정처, 《2022 사법연감》, 제685쪽).

결국 불복율이 상대적으로 높은 합의부 사건을 기준으로 하더라도, 불복 없이 1심에 그치는 비율이 58.3%, 2심에서 멈추는 비율이 31.27%에 달한다. 1심의 중요성이 명백하다.

참고로 대법원의 상고심은 개별 사실심리를 하지 않는 법률심

---

1. 두 항목을 합산하여 100%가 아닌 이유는, 본안에 대한 판결로만 심급이 종료되는 것이 아니기 때문이다. 항소장 각하 명령, 소 취하, 항소 취하, 조정, 화해 등 다양한 방식의 종결이 있다.

이지만, 그 업무의 과중이 엄청나다. 단순히 생각해 보아도 전국의 18개 지방법원(地方法院) 및 그 지방법원들이 관할하는 43개 산하 지원(支院), 6개 고등법원을 거쳐 두꺼워질 대로 두꺼워진 전국의 기록이 상고심에서 모두 대법원 한 곳으로 모인다. 아무리 재판연구관들의 도움을 받는다고는 하더라도 대법관이 총 14명에 불과한 점을 고려하면 개별 사건이 1, 2심만큼 꼼꼼히 검토되거나 변경될 가능성은 크지 않다.

그러니 1심을 단심제 소송처럼 생각하고 승부를 보아야 한다. 설령 항소심, 상고심으로 이어진다고 하더라도 1심에서 방향을 잘 잡고, 증거를 제대로 현출하여 소송 내용이 충실하고 쟁점이 분명히 드러나는 경우, 항소, 상고 절차에서 인용될 가능성이 훨씬 높다.

1심이 중요한 이유

1심이 중요한 첫 번째 이유는 1심 초반 심리 과정에 주요 사실관계가 대부분 정리된다는 점에 있다. 한번 당사자가 인정한 사실관계를 뒤늦게 소송 중에 번복할 경우, 재판부는 변경된 내용의 신빙성을 쉽게 인정하지 않는다. 소송상 유불리에 따라 입장을 변경한 것으로 의심하고, 이 같은 의심은 해당 쟁점에 국한되지 않고, 쌍방이 다투는 여러 쟁점에서 해당 당사자의 주장에 대하여 전반적으로 신뢰감을 낮추는 점에서 득보다 실이 크다.

참고로 이런 번복은 당사자들이 직접 소송을 수행하는 소위 '본인소송'에서 빈번하게 발생하는 바, 일반인은 자신이 하는 말이나 표현이 '법적으로' 어떻게 평가되는지를 제대로 알지 못하여 의식하지 못한 채 중요한 실수를 하게 된다.

예를 들어 일반인들은 "시공사가 공사를 마친 것은 사실이지만(전단), 무단으로 자재를 변경하였으니 공사대금을 줄 수 없다(후단)"라고 표현하는 경우를 생각해 보자. 나중에 변호사와 사실 관계를 구체적으로 협의하다 보면 "전단은 주요 부분 공사를 마쳤다는 의미였다. 완벽하게 마무리 공사와 추가공사까지 전부 다 마쳤다는 의미는 아니었다. 인부에게 직접 인건비를 주고 직영공사로 마무리하였다"라고 사실 관계를 설명한다.

진술자는 후단(무단의 자재 변경)을 강조하려는 취지에 중점을 두었을지 몰라도, 전단의 진술이 훨씬 더 의미가 있다. 진술자 스스로에게 불리한 사실(상대방의 공사 준공 사실)을 인정하는 자백이라서 재판부에게 매우 신빙성이 높은 진술이다. 두루뭉술하게 표현한 전단이 광범위하게 발목을 잡을 수 있다. 만일 처음의 진술이 본인소송으로 재판부 앞에서 직접 한 진술이라면, 뒤늦게 변호사를 선임하여 전단의 취지를 보충할 경우, 재판부는 소송의 유불리를 고려해 진술을 번복한 것으로 간주될 수 있다. 그러니 변호사의 필터링 없이 직접 재판부 앞에서 본인 소송을 하는 것은 위험하다.

1심이 중요한 또 다른 이유는 감정이 대부분 1심에서 이루어진다는 점 때문이다. 감정이란 특별한 학식이나 경험을 가진 전문가에게 그 지식 또는 지식을 이용한 판단을 소송상 보고시켜, 법관의 판단능력을 보충하는 증거조사를 말한다. 법관이 여러 전문분야의 지식을 갖출 수 없기 때문이다.

감정이 소송의 필수절차인 것은 아니지만, 건설소송은 많은 쟁점에 대하여 기술적인 판단이 필요한 분야이다. 설계대로 시공했는지, 하자의 존부, 원인, 금액 등 기술적인 쟁점들에 관하여 재판부가 스스로 판단하기 어려울 뿐만 아니라, 구체적인 금액을 산출하는 것 역시 전문가의 몫이기 때문이다.

감정을 아예 진행하지 않는다면 모를까, 일단 감정이 진행된 이상 대부분의 재판부가 감정 결과에 의지하는 판단을 내리는 점에서 감정은 건설 소송의 핵심 절차이다. 판결 결과에 반영될 가능성이 매우 높다.

이 같은 감정 절차의 중요성을 고려할 때, 처음 감정 신청할 때 감정 대상이나 범위를 적절하게 정하여 감정 신청을 해야 하고, 반대로 상대방이 감정신청하는 경우라면 그 신청하는 감정의 기준, 내용, 감정 자료에 부당함이 없는지를 지켜보아, 그에 대한 의견을 개진하여 감정 기준이 왜곡되지 않도록 해야 한다.

감정은 통상 전체 소송 절차에서 한 번만 시행된다. 설령 감정 결과에 불분명하거나 모호한 부분이 있어도 동일한 감정인에게 보완감정을 신청할 수 있을 뿐, 아예 새로운 감정인을 재지정하여 달라거나 동일한 내용을 재감정하는 것은 거의 허용되지 않는다.

1심에서 승부를 보아야 한다

1심의 중요성을 고려할 때, 1심에서 승부를 보아야 하고, 특히 소송 초기에 전체 사건 파악이 이루어져야 한다. 당장 소송 초반에 여러 자세한 주장을 하기 위해서가 아니다.

한 가지를 주장하든, 한 가지의 사실 관계를 인정하든 오류가 없기 위해서이다. 전술한 대로 한 발 나아갔다가 한 발 후퇴하는 것은 결코 원점이 아니다. 전체 주장의 신뢰와 직결되기에 소송상 아직 현출되지 않은 쟁점을 포함하여 해당 사건의 전반적인 개요를 알아야 차차 진행되는 내용에 대하여 모순 없이 대응이 가능하다.

건설분쟁을 막으려면
언제쯤 변호사를 만나야 하나?

공사계약은 계약내용의 변경이 수시로 이루어진다

　매매계약, 임대차계약 등 다른 분야의 계약은 대부분 처음 체결한 내용대로 큰 변경 없이 계약이 종결된다. 반면, 건설공사계약은 처음 계약대로 종결되는 경우를 거의 본 적이 없는 듯하다. 시공과정에 수많은 변경이 발생한다.

　따라서, 최초 계약서를 쓸 때 변호사 자문을 받았다고 해서 분쟁이 대비되는 것은 아니다. 오히려 더 중요한 것은 설계 변경 사항들이 계속 누적되는 과정에서이다. 내역서 각각의 항목이 각각 변경 사항이 될 수 있고, 그 변경이 한 번에 묶어서 발생하는 것이 아니라 구두로 변경되는 점에서 변경시마다 변호사 자문을 받는 것은 불가능하다.

다만, 공사대금, 공사기간을 크게 좌우하는 현안이 있다거나, 시공사가 정식으로 공문이나 이메일 등으로 설계 변경 사항의 발생이나 그 과정을 제대로 문제 제기하고, 쟁점화하려 하는 상황이라면 자문을 의뢰하면 좋을 듯하다. 시공사가 정식으로 발주자에게 공사계약의 변경, 준공정산을 요구할 때도 이에 해당된다.

상대방에게 책임을 물을 사유가 발생해서 대응방향을 정해야 할 때 변호사를 만나라

상대방에게 계약상 책임을 물을 사유가 발생할 때, 예를 들어 공사의 중단 등 공사지연 요인이 발생하였을 때 역시 변호사의 자문이 필요하다.

첫째, 우리측 대응 방향을 정하기 위해서, 둘째, 그 대응 방향을 실제로 실행하는 순서와 방법을 정하기 위해, 셋째, 현재의 상황과 우리측이 표명한 입장이 무엇인지에 관하여 증거를 남겨두기 위해서이다. 상황을 증거로 남길 때는 '객관적으로' 남기는 것이 중요한데, 어떤 방식이 유익한지에 대하여는 당사자 본인들의 판단에 오류가 있는 경우가 있기 때문이다.

이 같이 전략적으로 대응해야 하는 이유는 당장의 현장 문제를 빠르고 적절하게 해결하기 위한 것이다.

예를 들어, 시공사가 공사 중단 상태를 만들었다고 가정하자. 그 중단된 기간이나 중단된 사유가 무엇인지를 알아보지 않은 채 계약해지 여부를 결정해서는 안 된다. 계약해지의 사유가 명백히 있는지 확인해야 하고, 계약 해지로 방향을 정했다면 유효한 계약 해지가 되기 위한 절차적 요건과 형식도 갖추어야 한다. 계약해지 예고통지에는 상대방의 채무불이행 상황을 적시하고, 이를 해소하라는 이행 촉구와 함께 이행 시한도 부여하여야 한다. 그 시한까지 이행이 없을 때 계약해지를 통지하기 위한 사전단계이다. 나아가 해지통지 등 중요한 문서는 반드시 내용증명으로 보내는 것이 가장 바람직하다.

해지 이후의 정산내용 역시 명백히 서면으로 남겨야 한다. 정산 합의사실 및 정산의 기초가 되는 최종기성고 등이 명백할 경우, 분쟁의 범위가 줄어들 수 있다.

아무리 잔여공사가 급해서 후속 시공자를 물색하는 일에 정신 없다고 하더라도, 현장을 떠난 시공사측의 최종 기성현황을 함부로 훼손하여 추가, 후속, 직영공사를 진행할 것이 아니다. 마치 중요한 장면마다 인스타용으로 사진을 찍듯이 그 한 장면 한 장면을 남겨두어야 한다. 언제, 어떤 방식으로 누가 남기냐에 따라 신빙성이 다르다.

공사대금 청구소송에서 증거의 중요성

평생 세탁공장을 운영해 온 B는 시공사 M에게 세탁공장 신축공사를 맡기는 공사도급계약을 체결했다. 시공 과정에 땅의 모양, 도로의 위치, 발주자의 계획변경 등 여러 사정으로 콘크리트, 철근, 유로폼 등 여러 가지에 관한 설계변경이 발생했고, 시공 중반인 2017. 1. 12. '1차 추가공사합의'의 형식으로 그때까지의 설계변경 항목, 금액을 합의하였다.

2017. 1. 12. 이후로도 준공시점까지 사무동 추가공사, 지하창호 추가공사 등 설계변경이 더 발생하였다. 준공정산과정에 최종 공사대금이 원만하게 합의되지 못했다. 2017. 1. 12. 이후 발생한 추가공사대금(이하 '2차 추가공사대금')이 얼마인지에 관하여 이견이 있었기 때문이다. 준공정산이 흐지부지 되어 가는 중에 준공 후 장마철을 맞았는데, 심각한 누수가 발생하였다. 세탁공장이라는 특성상 영업에 치명적인 피해를 볼 수 있었다.

건축주는 시공사에게 "이런 상황이니 언제언제까지 보수하고, 그때까지 보수를 이행하지 않으면 건축주가 직접 제3자를 통해 보수를 이행하고, 그 비용을 시공사가 추후 지급하기로 약속"하는 합의서를 시도했으나 그날도 애매하게 현장이 마무리되었다. 건축주는 보수공사를 피할 수 없어서 제3자를 통해 누수공사를 진행하였고 하자보수비는 4300만원 정도였다. 그 즈음 시공사 M이 B를 상대로 제기한 공사대금 청구소송의 소장이 도착했기에, B는 따로 독립된 소송을 제기하지 않고 그 소송에서 그 하자보수비 4300만원을 주장했다.

1차 추가공사와 달리 2차 추가공사대금은 법원감정 대상이 됨

1차 추가공사대금과 달리 2차 추가공사대금은 합의가 없기에 법원감정을 거쳐야 했다. 법원감정은 물가정보, 일위대가(一位代價: 특정 단위 작업에 대한 단가), 조달청 기준 등을 토대로 항목별로 객관적인 기준에 따라 감정하지만, 동일한 공사를 발주해도 시공사마다 견적금액이 꽤 다른 점을 고려할 때 당사자 아닌 제3의 기준을 토대로 한 가격 산출이 양측 모두에게 만족스러울 리 없다. 불리한 결과를 받은 측에서 불복하고 감정보완 등 절차를 거치는 것이 일반적이다.

2차 추가공사비는 4500만원으로 나왔다. 건축주 역시 하자보수비 감정을 신청하였고, 그 감정 결과로는 2700만원의 하자보수비가 나왔지만, 하자감정 절차 이전에 이미 하자보수를 시행한 누수 관련 하자보수비 4300만원을 포함하여 7000만원의 하자보수비가 산출되었다.

기지출 하자보수비가 전액 인정되지 않은 이유

그러나, 재판부는 기지출 하자보수비를 전부 인정하지는 않았다. 일단은 "선지출 후 그 비용을 납부하기로 하는 합의서"가 형식과 내용상 명백히 완결된 것인지 애매했는데, 재판부는 이를 협의 도중 결렬된 것이지 최종합의에 이른 것으로 보기 어렵다고 판단했다. 합의서의 문서가 애매했다면, 합의서가 없는 상황에 준하여 "시공사도 명시적으로, 최소한 묵시적으로 이에 동의했다"라는 점을 증거로 남겼으면 어땠을까 싶다. 추가 증거가 있었으면 어땠을까 아쉽다.

건설분쟁의
해결방법(소송절차안내)

건설 분쟁의 가장 보편적이고 일반적인 해결방법은 민사소송이다. 소송의 절차는 아래와 같다.

소장접수(원고)

법원에 민사소송을 제기하는 사람을 원고, 그 상대방을 피고라고 한다. 어느 법원에 제기해야 할까. 사건의 성격에 따라 여러 군데 법원에 토지관할이 발생할 수 있다. 가장 대표적인 기준으로 부동산 소재지, 금전청구소송에서의 피고주소지가 관할법원이 된다. 소장이 접수되면 그 법원의 접수순으로 사건번호가 부여되고, 재판부가 배정된다.

사건명이 "서울중앙지방법원 2022가합2312 공사대금"이라면 이는 서울중앙지방법원에 2022년에 접수된 민사1심(가) 합의부 (합) 사건으로서 접수된 2312번째 접수된 사건임을 의미한다. 공사대금이라는 사건명은 원고가 소장에 적은 명칭에 따르고, 법원이 따로 명칭을 수정하지는 않는다.

참고로, 만일 위 1심 판결 선고 후 항소를 원한다면, 항소장은 1심법원에 접수해야 하는데. 1심 변호사의 소송대리권으로 수행가능하므로 변호사에게 요청하면 된다. 서울고등법원은 1심법원으로부터 그 항소장을 접수받으면 새롭게 서울고등법원의 사건번호를 붙이고, 항소심 재판부를 배정한다. 3심까지 간다면 3개의 사건번호를 갖게 된다.

민사사건의 1, 2, 3심에는 "가(가소, 가단, 가합), 나, 다", 형사 사건에는 "고(고약, 고정, 고단, 고합), 노, 도", 행정사건에 대하여는 "구(구단, 구합), 누, 두" 식으로 심급별로 사건 번호가 붙는다. 1심은 사건의 규모에 따라 단독, 합의부 사건이 있지만, 2, 3심은 전부 합의부가 판단한다. 1심 공사대금 사건은 심급에 따라, "서울고등법원 2024나451 공사대금, 대법원 2025다23331 공사대금" 식으로 불리게 된다. 사건번호는 재판부가 사건을 호명하는 명칭이자 변호사의 상담에서도 필요한 기본정보이다.

소장을 송달받은 피고의 대응(피고)

피고측에게 소송은 갑자기 법원에서 등기우편으로 소장을 받으면서 시작된다. 소장과 함께 받는 안내서에서는 "소장을 송달받은 날로부터 30일 이내"에 답변서를 제출하라고 안내되어 있어서 긴장하게 되지만, 답변서 제출기한은 민사소송법상 불변기간이 아니다.

업무명	처리기간	비고
지급명령신청에 대한 이의신청	지급명령신청서 송달일로부터 2주	불변기간
상소 제기(항소,상고)	판결문 송달일부터 2주일	불변기간
조정결정, 이행권고결정에 대한 이의신청	조정조서, 이행권고결정 정본 송달일로부터 2주	불변기간
즉시, 특별항고에 대한 이의신청	재판고지일로부터 1주일	불변기간
재심의 소 제기	재심사유를 안 날로부터 30일	불변기간
	판결확정일부터 5년	
상고이유서 제출	대법원 소송기록접수통지일로부터 20일	
상고이유에 대한 답변서 제출	상고이유서 부본송달일로부터 10일	

[민사소송절차에서 중요한 불변기간과 법정기간]

따라서, 답변서 기한 30일을 넘길까 봐 불안해할 필요는 전혀 없다. 소장을 받은 후 30일 이내에 변호사 선임을 마치는 정도면 무리가 없다. 변호사 선임이 완료되면, 변호사가 간략한 답변서(최근에 변호사를 선임하여 사건 파악에 시간이 걸리니 조만간 답변하겠다는 취지)를 제출하는 등 필요한 모든 대응을 주도할 것이다.

가장 피해야 할 일은 30일을 준수하려는 일념하에 당사자 스스로 성급하게 답변서를 제출하는 것이다. 소장의 내용이나 법적인 효과를 제대로 파악하지 못한 채 무심결에 일반인의 상식 수준에서 자신의 언어로 답변한 내용이 사건을 망치는 경우가 드물지 않다. 이후에 선임된 변호사가 당사자가 처음 진술한 내용의 취지를 바로 잡는 것은 매우 어렵다. 상대방측은 "당사자가 밝힌 진실을 변호사가 사건의 유리한 방향으로 가리거나 은폐한다"라며 피고의 첫 번째 답변 내용이 진실하다고 주장하는 경우가 대부분이고 재판부 역시 이 같은 선입견을 갖는 것이 일반적이다.

만일 30일내에 답변서를 제출하지 못하면?

답변서 제출기한 30일을 준수하지 못했을 때 벌어지는 최악의 상황은 무엇일까. 재판부는 피고의 무응답(무변론)이 원고의 청구 내용에 대한 인정한 것으로 보아 변론기일 지정 없이 곧바로 무변론 선고기일을 지정하는 것이 가능하다.

그러나, 선고기일이 지정된 이후라도, 선고기일 전에만 피고가 답변서를 제출하여 무변론의사가 아님이 확인되면 재판부는 선고기일지정을 취소하고 변론기일을 새로 지정해야 한다. 즉 답변서 제출기한을 넘기더라도 재판부의 다음 절차는 패소판결이 아니라, 판결선고기일을 지정하는 일이므로 피고가 대비없이 불시에 패소 판결을 받을 가능성은 희박하다.

> **민사소송법 제257조(변론없이 하는 판결)**
>
> ① 법원은 피고가 제256조 제1항의 답변서를 제출하지
>   아니한 때에는 청구의 원인이 된 사실을 자백한 것으
>   로 보고 변론 없이 판결할 수 있다. 다만, 직권으로 조
>   사할 사항이 있거나 판결이 선고되기까지 피고가 원
>   고의 청구를 다투는 취지의 답변서를 제출한 경우에
>   는 그러하지 아니하다.
>
> ② 피고가 청구의 원인이 된 사실을 모두 자백하는 취지
>   의 답변서를 제출하고 따로 항변을 하지 아니한 때에
>   는 제1항의 규정을 준용한다.
>
> ③ 법원은 피고에게 소장의 부본을 송달할 때에 제1항 및
>   제2항의 규정에 따라 변론 없이 판결을 선고할 기일을
>   함께 통지할 수 있다.

　30일은 피고가 변호사를 선임하고, 변호사를 통해 실질적인 답변서를 제출하기에는 실질적으로 부족한 기간이고, 실제로 다수의 피고가 30일내에 실질적인 답변서를 내는 일이 오히려 드물다.

　어차피 피고가 뒤늦게라도 답변하면 선고기일 지정을 취소하여야 하는 재판부의 입장에서는 굳이 무변론 선고기일 지정을 서

두르지 않고, 성실한 피고라도 답변서 준비를 위해 필요한 기간인 1~2개월 정도를 지켜본 이후에서야 무변론 선고기일을 지정하되, 그 선고기일도 3~4주 이상의 기한을 두고 통지한다. 실제로는 무변론선고기일 통지는 조속한 답변 촉구의 의미로 사용된다.

답변서 제출 및 이후의 원피고간 서면공방

피고가 답변서를 법원에 제출하면 재판부는 이를 원고에게 보내주고, 그에 대하여 원고가 반박하고, 여기에 다시 피고가 반박하는 서면 공방이 이루어진다. 답변서 이후에 원피고가 제출하는 주장서면을 '준비서면'이라고 부른다. 변론을 준비한다는 의미인데, 변론기일의 구두변론은 휘발성이 높을 뿐만 아니라, 재판부의 인사이동 및 상급심으로의 심급 이동을 고려할 때, 실제 재판할 재판부의 고려 대상이 되기에 한계가 있으므로 양측의 주장은 사실상 준비서면이라는 서면의 형태로 재판부에 현출된다.

이 같은 서면 공방과 변론기일이 병행되며 소송이 진행된다. 재판부의 성향에 따라 원피고의 첫 주장서면(소장 및 답변서)이 제출된 직후에 첫 번째 변론기일을 잡는 경우도 있고, 원피고 간에 추가공방이 이루어져 본격적인 공방이 이루어질 때까지 첫 기일을 잡지 않는 경우도 있으므로 속도는 다르지만, 보통은 소장 접수 후 3~4개월 정도의 시점부터 4~6주의 간격으로 변론기일이 잡히고, 아무래도 변론기일 전에 양측이 1회씩 서면을 주고받는 경우가 대부분이다.

자신의 주장을 뒷받침하기 위해 양측이 수시로 사실조회신청, 감정신청, 증인신청 등 증거를 신청하는 바, 보통은 변론기일에서 재판부가 그 증거신청의 필요성을 판단하여 채부결정을 한다. 채택되면 사실조회기관에 사실조회사항이 보내지고, 증인소환이 이루어지고, 감정절차에 착수되는 바, 그 회신을 받는 과정을 '증거조사'라고 한다.

이 같이 양측이 서로 주장하고 증거로 자신의 주장을 입증하는 절차가 마무리되면 재판부는 변론 절차를 종결하고 선고기일을 지정한다.

판결 선고 및 그 이후

판결이 선고되면 보통 2~3일내에 판결문이 송달된다. 상소(항소, 상고를 통칭) 기간은 판결일이 아니라 판결문을 송달받은 날로부터 기산된다. 1심 판결 결과에 불만이 있으면 항소 기간내에 하여야 하는 바, 1심의 소송대리인이 1심 판결에 대한 항소장 제출까지는 대리권이 있으므로 1심 변호사에게 마지막 업무로 항소장 제출을 부탁할 수 있다. 항소기간을 놓치지 않는 것이 중요하므로, 임박하기 전에 미리 항소여부를 결정하는 것이 좋다.

항소심 변호사를 1심과 다른 변호사로 선임하려 할 경우, 1심 판결문이 송달된 이후에 1심 판결문 및 1심 소송기록을 미리 송부하고 상담하는 것이 좋다. 소송당사자도 소송대리인처럼 직접 전자소송 사이트(ecfs.scourt.go.kr)에서 기록을 다운로드 받을 수 있다. 1심 소송대리인에게 요청해서 1건의 pdf파일로 이메일을 받아두는 것이 일반적이다.

[대한민국법원 전자소송 홈페이지 화면]

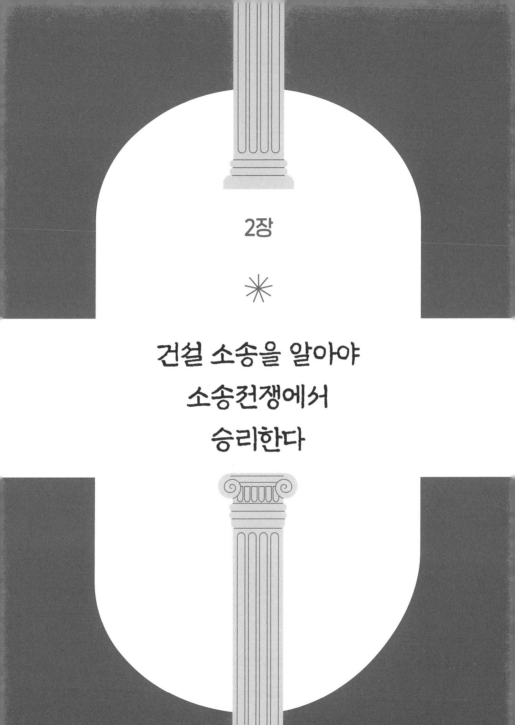

2장

✳

건설 소송을 알아야
소송전쟁에서
승리한다

건설공사에는
클레임이 내장되어 있다

건설분야에는 "건설공사에는 클레임이 내장(built-in)되어 있다"라는 말이 있을 정도로 공사 분쟁이 빈번하다. 마치 붙박이장, 신발장, 에어컨이 건물에 빌트인 되어 있는 것처럼 분쟁은 공사 중 자연스럽게 발생하는, 감당해야 할 하나의 과정이다.

왜 그럴까. 건물을 신축하는 공사도급계약을 자세히 살펴 보면, 각각 별건으로 발주하는 여러 가지 계약들이 1건의 계약 안에 패키지처럼 담겨 있는 셈이다. 즉 인테리어 공사, 조경 공사, 붙박이장 공사, 외장재, 내장재, 새시 등은 따로 독립적으로도 발주되는 여러 계약들이 한 건의 계약에 담겨 있는 것이다.

이처럼 한 계약 안에 무수히 많은 항목, 내역들이 포함되어 있고, 그에 대한 이행이 수개월 동안 이루어지는바, 그 기간 동안 당사자 및 제3자에 의해 새로운 변수들이 발생한다.

예를 들어 터파기 공사를 하다 보면 설계 당시의 예상과 달리 땅에서 물이 나오기도 한다. 지하수가 확인되면 당초 예정한 지반 공사의 범위, 공법과 비용, 공사 기간이 달라질 수밖에 없다. 내부 인테리어 공사 역시 설계 당시와 달리 건물 골조가 올라가서 점점 내부가 구체화되면 건축주의 생각이 달라지기도 한다. 그 사이 건축주의 안목도 많이 높아지므로 건축주의 요청에 의한 설계 변경이 생길 수 있다. 여닫이문이 폴딩 도어로 바뀌거나, 타일, 벽지 등 마감재를 변경하는 경우처럼 다양한 변경이 발생한다.

하나하나가 큰 변경이 아닐 수 있으나, 이것들이 합쳐지면 공사 대금과 공사 기간에 변경을 초래할 수 있다. 특히 마감재 등 인테리어 공사의 자재들은 단가 차이가 커서 공사대금의 증액요인이 될 수 있다. 아예 공법이 달라지는 경우 부수 공사가 추가되기도 하여 이 역시 추가공사대금의 요인이 된다. 결과적으로 설계 변경은 공사대금의 증액 요인이 되는 경우가 대부분이다.

건설분쟁은 분쟁에 친숙한 상대방과 싸우는 일이다

건설공사에 분쟁이 빌트인되어 있다는 말을 달리 표현하면, 건설 분야의 종사자들인 시공사, 설계사, 자재업자들이 분쟁에 친숙하다는 의미이기도 하다. 분쟁 경험이 있다는 것은 그 교훈을 통해 '시공 중에 해야 할 일과 하지 말아야 할 일'이 무엇인지를 안다는 뜻이기도 하다.

반면 건축주는 대부분 '건설'에 문외한인 동시에 법적 '분쟁'에도 문외한인 경우가 많다. 결국 건설 분쟁은 양측에게 대등한 싸움이 아니고, 이는 건축주에게 시공 과정 및 분쟁의 초기단계부터 전문가의 도움이 필요한 이유이기도 하다.

한국건설산업연구원의 최근 조사 결과에 따르면, 2017~2021년 사이 국내 건설기업의 59.6%가 건설공사 수행 중 클레임(이의제기)과 분쟁(이의제기보다 강한 의견 불일치로, 협상, 조정, 중재, 소송으로 진행된 경우)을 경험하였다고 하며, 분쟁 사례 중 36.5%가 소송으로 이어졌다고 한다(한국건설산업연구원, 《건설동향브리핑》 제909호 2023. 6. 2.).

위 통계는 먼저 건설공사 분야에서 분쟁이 매우 흔하다는 것을 보여주지만, 더욱 주목해야 할 것은 분쟁이 발생하더라도 의외로 소송까지 가지 않는 케이스가 꽤 많다는 점이다.

소송까지 가지 않는 것이 반드시 해피엔딩일까? 단정할 수 없다. 왜 소송까지 가지 않았는지가 중요하기 때문이다. 만족스러운

정산결과를 소송 없이 얻었다면 해피엔딩이겠으나, 만일 소송에 가봤자 승산이 없어서 소송을 포기한 것이라면 이는 오히려 소송의 패소와 비슷한 결과이기 때문이다. 최종 공사대금 금액이나 공사 내용에 이견이 있는 당사자 간에 소송 없이 합의하게 만든 동력은 무엇일까?

분쟁 항목 및 금액이 적으면 소송 가능성이 줄어든다

소송으로 갈지를 좌우하는 가장 큰 요인은 분쟁 금액이다. 분쟁 금액이 크면 클수록 소송까지 갈 가능성이 커진다. 예를 들어 분쟁 항목이 1~2개, 총 5천만 원인 경우와 분쟁 항목이 10여 개, 총 5억 원인 경우를 대비한다면 당연히 후자가 소송으로 이어질 가능성이 높다. 소송은 건축주에게도 시공사에게도 번거로운 일이다. 관련된 금액이 적다면 굳이 번거롭게 소송까지 가지 않고 양측이 서로 양보하여 원만히 합의에 이를 가능성이 높아진다. 뿐만 아니라 소송으로 가더라도 쟁점이 적으면 아무래도 소송 기간도 상대적으로 짧아질 수 있다.

객관적인 증거자료가 많을수록 소송 가능성이 줄어들 뿐 아니라 유리한 합의가 가능하다.

소송으로 갈지 말지를 결정하는 또 다른 중요한 요소는 승소 가능성이다. 보통 정산 합의가 결렬된 단계에서 소송 여부를 고민하다가 결국 그냥 합의하게 되는 가장 큰 이유는 승소가능성 이다. 시공 과정의 사실 관계, 증거 관계에 비추어 볼 때 소송에 가더라도 이길 가능성이 희박하다면 시공사든 발주자든 소송을 선택할 가능성이 낮아지고, 만족스럽지 않더라도 상대방의 요구를 반영하여 정산하는 것을 받아들이게 된다.

평화는 힘으로 지킨다

건축공사를 발주하기로 마음먹었다면, 건설 공사에 빈번한 분쟁 가능성을 현실로 인지하고, 그에 대한 구체적인 대비를 해야 한다. 분쟁에 대비한다는 것은 앞서 설명한 대로 승소를 위한 것이 아니고, 오히려 소송에 가지 않기 위함이다. '불리하지 않은 조건'으로 원만하게 준공 정산하는 것이 1차적인 목적이다. 설령 소송으로 가더라도 승소 가능성을 높이고, 소송을 하더라도 그 기간을 최대한 단축하는 것이 2차적 목적이다.

소송이 2차적인 목적이지만 소송에서의 승소가능성이 원만한 관계를 유도하는 점에서 여러 가지 목적을 위해서라도 시공 과정 또는 최소한 분쟁 진입의 초기 단계부터 사안을 잘 관리하고, 그에 대한 명확한 자료와 증거를 확보해야 한다. 평화는 힘으로 지킨다.

건설 소송은 다른 소송보다
쟁점이 많고 오래 걸린다

공사보다 소송이 훨씬 더 오래 걸린다

착공부터 준공까지의 공사 기간은 현장별로 다르지만 대략 3~4층 건물일 때 3개월, 10층 전후의 빌딩이라도 6개월 전후의 기간이 일반적이다. 변호사들이 접하게 되는 건설 분쟁이 있는 현장조차도 대부분은 최초 공사기간의 1.5~2배 정도의 기간 내에 공사가 준공되는 것이 일반적인 듯하다.

공사기간과 소송기간을 비교하면 소송기간이 훨씬 더 오래 걸린다. 준공 후 3년이 지나도록 여전히 소송이 계속 진행 중인 경우가 드물지 않다. 그렇다면 건설산업기본법상의 1~3년 차 하자에 대한 하자보수기간이 도과될 시점까지도 소송이 진행된다는 것이

고, 원만한 관계였더라면 수시로 시공사에게 요청하여 여러 하자
보수를 받았을 사항들을 제대로 보수받지 못하는 불편을 겪게 된
다. 물론 건축주가 그 하자보수비에 대하여 법원 감정을 신청하여
그 하자보수비 상당으로 공사대금의 감액에 반영될 수는 있겠지
만 기나긴 소송기간만큼의 실익이 있을지는 의문이다.

법원의 통계상으로도 이 같은 특징이 확인된다

건설소송은 다른 일반 민사소송보다 오래 걸리고 쟁점이 많다.
이는 실제로 법원의 여러 처리 지침 및 통계자료로도 확인된다.

대부분의 법원이 건설사건에 대하여 사건배당의 가중치를 둔
다. 서울중앙지방법원, 대구지방법원은 2배, 서울고등법원, 대구
고등법원 및 서울 동부, 서부, 북부지방법원, 의정부지방법원에서
는 1.5배의 가중치를 인정한다고 한다. 건설 소송 1건 배당을 일반
민사소송 1.5건 또는 2건을 배당한 것으로 간주한다는 것인데, 이
는 건설소송의 업무량이나 하중이 다른 사건보다 높다는 의미이
다. 법원행정처 사건통계에서도, 공사대금 및 손해배상(건설) 사건
은 전체 민사사건에 비해 평균 처리일수가 길고 미제 사건의 비율
이 높다고 한다(한나라, 〈민사건설재판의 개선방안에 관한 연구〉, 사법정책연
구원, 18~19쪽.).

2022년 5월 기준으로 전국 4개 고등법원, 15개 지방법원(2개 지원 포함)에서 총 72개의 건설전담 재판부가 운영되고 있다. 최근 5년간 민사건설전담재판부의 건설사건 처리 결과를 보면, 합의부의 경우 대부분 평균 처리 기간이 400일 이상이고, 500일이 넘는 법원도 있으며, 단독 재판부의 경우에도 대부분의 법원에서 평균 처리 기간이 200일 이상이고, 400, 500일을 넘는 법원도 있다(한나라, 앞의 논문). 건설전담재판부라도 건설사건만을 처리하는 것이 아니고, 일반 민사사건 대비 건설사건의 비중이 30~60% 높은 정도일 뿐임을 고려할 때, 순수 건설사건의 처리 기간만 따지면 그보다 더 길 것으로 예상된다.

전형적인 공사대금 분쟁의 진행 경과 예시

공사의 시공과 소송이 어떤 경과로 진행되는지 구체적으로 한 사건을 예로 들어본다. 경기도 내의 신도시 번화가에 연면적 4800㎡, 공사대금 약 25억 원, 공사 기간 6개월로 회사사옥을 신축하는 공사였다. 건축 허가 조건에는 건물 신축 외에 그 인접 도로변 옹벽을 철거하고 재포장하는 조건이 포함되어 있었는데, 이것이 시공사의 공사 범위에서는 제외되어 있었지만 공사 진출입로 확보 등에 영향을 미칠 수밖에 없었다. 위 옹벽공사는 인근 주민과의 공사 합의, 공사비용 합의 등 시공과 직접 관련이 없는 문제가 포함되어 있어서 공사가 지연되었다. 공사 차량이 대로가 아니라 골목

길로만 진출입이 가능한 열악한 현장 여건도 공기 연장을 유발했고, 건축주가 당초 설계와 달리 조경공간의 위치를 1층에서 옥상으로 옮기고, 그에 따라 주차공간 및 위치가 변경되는 등 여러 가지 설계 변경도 있었다.

결과적으로 건물은 착공 12개월 만에 인도되었다. 준공정산 과정에 추가 공사대금이 얼마인지를 둘러싸고 건축주와 시공사 간에 분쟁이 생겨서 준공정산 협의가 결렬되었다. 준공 3개월 후쯤에 시공사가 건축주를 상대로 공사대금 청구 소송을 제기했고, 1심 판결까지 2년 1개월, 2심 판결까지 2년, 양측이 대법원에 상고하지 않아서 2심 판결이 확정판결이 되었다. 결국 공사 기간은 1년인데, 소송은 4년 1개월이 걸린 셈이다.

감정 절차를 위해 소요된 기간

참고로 위 4년의 기간 중 감정 절차와 관련하여 소요된 기간은 약 1.5~2년 정도였다. 일단 재판부가 감정인을 지정하여 감정료를 예납한 후 감정기일이 열릴 때까지 대략 2~3개월이 소요되고, 감정인이 현장조사 절차를 거쳐 감정 결과를 감정서라는 문서의 형식으로 법원에 제출하기까지의 기간이 6개월 전후이고, 그 감정 결과를 원피고가 검토한 후 그 중 자기측에게 불리한 부분에 대하여 1~2회 정도의 감정보완 신청을 신청하는데 그 기간도 최소 3개월 정도는 소요되므로, 이를 전부 포함하면 1심 감정을 위해서 평균 1년 정도의 시간이 걸리는 듯하다. 보통 감정은 1심 재판 중에 진행된다. 항소심에서 동일한 사항에 대하여 재감정을 채택하는 것은 극히 드물지만, 1심 감정 결과의 취지를 명확히 하기 위해 1심 감정인에게 신청하는 보완 감정은 대부분 채택해 준다. 이 역시 수개월이 걸린다.

공사대금 소송에서 양측이 주고받는 전형적인 쟁점과 그 결과들

위 사건은 공사대금 소송에서 건축주와 시공사 간에 주로 어떤 쟁점을 주고 받는지를 보여주는 전형적인 사건이라서 그 결과도 살펴본다. 최종적인 판결 결과를 가지고 보자면, 당초 시공사가 소송으로 청구한 미지급 공사대금은 5억 원이었고, 그 공사 내용은 감정 결과로도 확인되어 거의 전부 인정이 되었다. 그러나 발주자 측이 위 공사대금 지급채무를 방어하기 위해 주장한 채권들도 인정되었다. 즉, 건축주는 하자보수에 갈음하는 손해배상청구권 1.2억 원, 전체 준공지연 중 일부가 시공사의 공사지연으로 인정되어 지체상금 1.3억 원이 인정되었고, 그 금액만큼이 공사대금에서 감액되었다.

시공사의 입장에서 보면 당초 추가 공사대금을 덜 인정받더라

도 차라리 합의하는 것이 낫지 않았을지 싶은 부분이다. 하자감정
을 했을 때, 하자가 존재하지 않는 결과가 나오는 경우는 사실상
없다. 사용상 멀쩡한 건물도 하자보수비 감정을 하면 항상 하자보
수비는 상당한 수준으로 나온다. 실제 건물의 사용상 불편함이 없
더라도 준공도면과 대비하여 규격을 모두 체크하면 미시공, 오시
공으로 평가될 항목들은 늘 나오기 마련이고, 특히 상주감리가 아
닌 공사현장에서는 미시공, 오시공의 비율도 상당히 높다. 준공 지
연 역시 특별히 발주자 사유라는 점에 관하여 적극적인 주장, 입증
이 없으면 시공사에게 귀책사유가 돌아가는 경우가 흔하다.

결국 건설소송에는 다양한 측면이 있다. 시공사들이 주장하는
채권이 사실 관계나 증거 관계에서 우위에 있는 반면, 건축주 역시
하자보수비나 지체상금 등 반대채권을 갖고 있는 경우가 흔히 있
고, 특히 하자보수청구권은 시공사에게 불리한 측면이 있다. 이는
시공사와 건축주 모두에게 교훈이 될 수 있을 듯하다. 4년의 시간
이 걸려서 당초 청구한 금액보다 2.55억 원이 감액되는 결과를 생
각할 때, 준공정산 합의에서 서로 양보하는 것도 타당하다. 이미
시공사의 소장을 받았다면 건축주의 입장에서는 해볼 만하다. 시
공사의 청구도 열심히 방어해야하지만, 반대채권으로 상계할 수
있는 돌파구도 생각해볼 수 있기 때문이다.

전문가인 건설회사도
반드시 변호사를 선임한다

건설에는 분쟁이 내장(빌트인)되어 있다는 말처럼, 건설업계 종사자들에게 건설 분쟁은 매우 익숙한 업무의 일부이다. 그럼에도 불구하고 건설회사들은 대체로 직접 소송을 수행하지 않고 변호사를 선임한다. 아마도 셀프 소송으로 한두 건만 겪어봤어도 경험상 변호사를 통해 소송을 수행하는 것이 여러 면에서 경제적이라는 것을 알기 때문일 것이다.

이처럼 전문가인 건설회사조차 변호사를 선임한다면, 건설회사와 싸우는 일반인에게는 더 말할 나위가 없을 것이다.

건설 실무를 알아도 소송은 또다른 영역이다

시공사, 설계사 등 건설업계 종사자들은 건설 실무를 너무도 잘 알지만, 건설지식만으로는 소송에서 이기는 것은 아니다. 기본적으로 민사재판에서 소송당사자는 자신에게 유리한 사항을 스스로 주장하고, 그에 대하여 증거자료를 제출하여 입증하여야 하는 적극적인 소송당사자이고, 재판부는 중립적인 심판일 뿐이다.

소송대리인 없이 직접 소송을 진행하는 사람들 중 상당수는 재판부가 나서서 본인의 억울함을 적극적으로 해결해 줄 것을 기대한다. 일반인 수준의 호소를 하면, 재판부가 솔로몬의 재판처럼 재판장이 실체적 진실 발견을 위해 적극적인 역할이나 질문을 할 것으로 기대하지만, 실제 법정에서 재판부의 역할은 매우 중립적이다.

민사소송법에 따를 때, 소송 당사자는 스스로 자신에게 주장, 입증책임이 있는 사항들을 '주장·입증' 해야 하는 것이고, 주장, 입증책임이 있는 사항에 대한 설득에 실패할 경우 패소한다. 쟁점 중 어느 부분이 불분명할 때, 누가 불리한 판단을 받는지도 민사소송법상의 기준이 있다. 따라서, 법적인 구조에 맞추어 자기 몫의 주장, 입증을 충실히 해야 하는 것이고, 이 같은 기준으로 소송에 필요한 준비를 해야 하는 것이다.

이 같은 게임의 규칙에 익숙하지 않다면, 법정에서 재판부와 상대방이 하는 말의 의미와 현재 상태 자체를 이해하지 못할 수 있고, 어떤 사항이 유리한 것인지 판단할 수 없다. 그 결과, 건설전문 지식이 있더라도 어디에 어떻게 사용하는지를 알 수 없다.

소송의 상대방, 소송의 개수, 순서 등 소송 방향을 잡는 것에도 도움이 필요하다

건물에 하자가 생겼는데, 그 원인이 누구의 탓인지 모르는 경우가 흔히 있다. 설계의 잘못인지, 시공의 잘못인지 불분명한 경우도 있고, 하나의 공사에 2개 이상의 시공사가 참여하는 경우, 누구의 책임인지가 모호한 경우가 있다. 예를 들어 전체 공사는 A업체에게 맡기되, 인테리어 공사 부분은 다른 B업체에게 맡겼다거나, 시공사가 공사 도중 현장에서 철수하여 후속업체가 투입되어 2개 이상의 업체가 시공한 경우이다.

나아가 시공 과정에 건축주의 건물이 아니라, 옆 건물에 진동, 균열 등 피해가 발생하여 옆 건물측에서 손해배상청구를 하는 경우도 있다. 피해자측에서는 건축주만 피고로 지정하였으나, 건축주 입장에서는 실제 시공을 주도한 시공사의 책임도 따져야 하지 않나 싶을 때가 있다.

이렇게 하나의 분쟁에 3자 이상의 책임이 문제 되는 경우, 소송의 개수와 방식, 순서 등을 고민하는 것도 전문가의 도움이 필요하다. 이런 부분이 본인 소송에서는 실수하는 요소 중 전형적인 부분이다. 불필요하게 소송의 개수가 늘고, 소송 절차가 지연되는 요인이 된다. 하나의 소송에서 여러 명을 공동 피고로 할 것인지, 공동 피고 등 소송 당사자로 삼지는 않되, 이 사건 소송결과에 따라 후속소송이 진행될 것을 대비하여 선행소송의 결과에 영향을 받도록 할지(소송고지 등) 등을 정하는 것은 사실 관계를 전반적으로 파악한 다음에 결정할 일이다.

건설소송에서 소송의 선후, 구조가 중요한 이유

공사대금 채권은 3년의 단기 소멸시효가 적용된다. 하자보수청구권 역시 공사 공종별로 관계법령에 의해 행사 기간이 상세히 정해져 있다. 마감재, 조경 등의 경우에는 1, 2, 3년 등 비교적 단기이고, 골조공사에 해당하는 철근콘크리트 등의 하자의 경우에는 5, 10년 등 비교적 장기의 권리 행사 기간이 정해져 있는 식이다. 시공사의 하자보수의무를 보증하는 보증사, 보험사에 대한 청구 역시 그 청구 시한, 방식 등에 약관상 제한이 있다.

이처럼 공사 관련 분야의 채권들은 주요 채권에 권리 행사 기간이 다른 일반채권들 대비 단기로 정해져 있고, 건설 소송은 소송 기간이 장기간 소요되는 점을 아울러 고려할 때 여러 당사자 간의 분쟁인데도 가장 중요한 소송 하나의 결과를 본 후 다음 소송을 제기하겠다는 식으로 순차로 수행하다가는 개별 채권의 소멸시효, 제척 기간 등으로 인해 후속 권리 행사가 제한될 수도 있다.

따라서 건설소송에서는 전체 분쟁의 내용을 파악할 때, 혹시라도 채권소멸 가능성이 있는 부분이 있는지 등도 고려해야 하고, 이같은 점에 대한 대비도 필요한데, 이 역시 스스로 하기는 어렵기 때문이다.

채권의 보전조치 역시 초반에 고려되어야 한다

소송 결과 승소판결을 받더라도, 피고에게 재산이 없는 경우에는 그 판결금을 회수하기 어려운 경우가 흔히 있다. 특히 개인 주택을 공사하는 소규모 시공사들의 경우, 업체 명의의 재산이 거의 없는 경우가 드물지 않다. 큰 책임이 생길 수 있는 소송이 제기되면, 이후의 신규 거래를 다른 업체 명의로 체결하는 등 소송상대방이 파악할 만한 재산을 새로 만들지 않는 경우도 있다.

따라서 건설소송의 경우, 본안소송을 시작하는 시점에 채권 가압류, 부동산 가압류 등 승소판결을 대비한 채권의 보전조치를 해두는 것이 필요하다. 기껏 승소판결을 받고서, 그제서야 재산 현황을 파악해 보았을 때 상대방의 재산이 없어서 낭패를 보는 일은 주로 본인소송 당사자들에게 발생한다.

결국 건설소송의 경우, 여러 가지 부수적인 고려사항들이 많이 있다. 이 같은 다양한 법적인 검토가 필요한 점에서 비록 건설전문가라도 소송은 변호사를 통해 수행하는 것이다. 일반인이라면 더더욱 본인소송은 고려하지 않는 것을 추천한다.

증거가 소송의
승패를 좌우한다

발주 초반의 의욕과 달리 시간이 지날수록
증거의 수집은 방치되기 쉽다

공사는 아무리 작은 규모라도 보통 3개월 이상의 기간이 소요된다. 공사만이 아니라, 그에 앞서 이루어지는 건축허가, 설계까지의 전체 과정을 따진다면 보통 1년 이상이 걸리는 일이다. 이 같은 긴 기간을 거치며 설계사무소, 건설회사, 공인중개사와 협의하고 관공서를 드나들게 되면, 원하든 원치 않든 각종 서류들이 생긴다.

실제 계약까지 이르지 않고 견적 단계에 그친 여러 자료들, 최종 합의내용과는 다르지만 협의 과정에 주고받은 여러 자료들과 메모들, 이메일 등이 쌓일 수밖에 없다. 모두 설계변경된 사항은 아니지만, 각종 공법, 자재 변경을 검토하는 과정에 또 다시 여러 견적서, 자료, 설명, 협의가 오가게 되니 서류는 더미가 된다.

이 같은 과정을 지나며 처음에는 의욕적으로 문서를 관리하다가 점점 시들해진다. 시공의 중반을 넘어가면, 이미 일관성 있는 자료 관리가 무너지고, 될 대로 되라 식의 방치단계로 접어들었을지도 모른다. 그러나, 건설소송을 포함한 모든 소송에서 '증거'는 너무도 중요하다. 소송의 승패를 좌우하는 핵심요소라는 점에서, '증거확보'는 포기할 수 있는 사항이 아니다.

시공 중반이라도, 심지어 준공 이후라도 부족한 증거들을 보완할 기회가 있다

건설소송에서 쟁점이 되는 중요한 설계 변경, 합의들은 대부분 시공 중반 이후에 집중적으로 발생한다. 그 이유는 설계 변경이 주로 내부공사, 특히 흔히 인테리어 공사라고 인식하는 후반공사에서 집중적으로 발생하기 때문이다. 통상 골조공사나 토공사 등 앞단계 공사에서는 설계 변경 사항이 발생하더라도 내용이 복잡하거나 변경 항목이 많지는 않지만, 내부공사, 인테리어 공사에서는 건축주의 취향에 따라 여러 가지 변경 항목이 발생하게 된다.

그 결과 보통 공사 후반부에 시공사는 그 이전까지 발주자와의 사이에 합의된 여러 설계 변경 항목들을 한 번에 취합하여 '추가공사내역'을 만들어 추가공사대금 항목들을 증액 청구하는 경우가 대부분이다.

따라서, 비록 건축주가 시공 초반에 이루어진 중요한 설계 변경 합의들(내용, 금액)을 꼼꼼히 문서화하지 못했더라도, 아직은 합의 사항들을 증거화할 기회가 충분히 있다. 공사 중반부까지는 대부분 발주자와 시공사 간 관계가 원활한 바, 그 이전까지의 계약금액 증액 사유들과 금액을 한 번에 정리해달라고 요청해도 거부할 가능성은 크지 않다.

이렇게 시공사가 정리해온 내용을 토대로, 그 내용 중 중요한 합의사항이 누락된 것이 있다면, 시공사에게 누락된 합의내용을 재확인해보고 문서를 보충할 수도 있다. 예를 들어, 설계 변경 내역에 "건물 뒷면 주차장 입구 외벽 대리석 200㎡ : 40,000,000원"이 포함된 것은 좋은데, 당시 양측이 합의한 내용 중 "A사 대리석"이라는 보다 세밀한 특정이 있거나, "2024. 4. 1.까지 시공완료되는 조건"이라는 등 건축주 입장에서는 중요한 세부 조건이 누락되어 있다면, 이러이러한 합의 내용이 누락되었다는 점을 상호 확인하여, 공통적으로 인정하는 범위 내에서라도 내용을 추가하여 양측이 날인하는 것이 좋다.

설령 일부 이견이 있더라도 이견 없는 범위까지라도 확인해두면 최소한 분쟁의 범위가 줄어들 수 있으니 충분히 가치가 있다.

주의할 것은, 이는 자료가 심히 부족하여 모호한 상황을 뒤늦게라도 보충하려는 취지인 것인데, 이 같은 목적을 넘어서 발주자가 지나치게 욕심을 부려 자기 중심적으로 내용을 확대하여 문서화하려 한다면 오히려 상대방도 예민하게 받아들여 문서화되는 것에 실패하거나 오히려 분쟁 유발 요인이 될 수 있다.

시공 현장에 아직 현장 인력들이 남아 있다면 사실 관계, 연락처라도 파악해둘 수 있는 기회이다

공사 현장에는 시공사의 현장 직원들, 시공사와의 업무관계에 따라 현장에 투입되는 하수급인 직원들, 자재업체, 장비업체, 노무팀 등 현장 관련자들이 드나든다. 공사 막바지일지라도 아직 시공중이라면 발주자도 현장 인력들과의 소통이 가능하고 자연스럽다. 이들은 대부분 시공사의 거래업체들이므로 나중에 소송이 시작되면 대부분 시공사에게 우호적인 협력자가 되고, 발주자측의 협조 요청에 대하여는 소극적인 경우가 흔히 있다.

그러나, 분쟁이 시작되지 않은 시공 과정에서는 건축주가 현장의 이러저러한 사정, 자재 반입 현황, 왜 공사가 진척되지 않는지 등 현장에 관련된 정보를 물으면 필요한 사항들을 알려주는 경우가 대부분이다. 오며가며 친분을 쌓아두면서 대화라도 해온 건축주들은 그렇지 않은 경우와 대비할 때 현장에 대한 이해도가 높고, 경우에 따라 그들이 현장에서 철수한 후에도 필요한 정보를 얻을수도 있다.

증거수집 활동시의 유의사항

다만 적극적인 증거수집의 부작용도 있다. 장기간 이것저것을 서로 협의하고 대화해야 하는 관계에서 일방이 지나치게 꼼꼼하게, 뭔가를 증거수집하고 있다는 느낌이 들면 그 상대방은 위축되기 마련이다. 통상적으로라면 쉽게 확인해주고, 인정해줄 일이라도 뭔가 약점이 잡힐까 하는 껄끄러운 마음이 있기 때문이다. 이같은 태도 때문에 오히려 상대방과의 소통, 응답, 답변, 대응 자체를 잘 받지 못하는 경우도 있다.

따라서 적당한 선이 중요하다. 필요한 것은 모든 과정을 증거화하는 것이 아니다. 다만, 중요한 합의, 중요한 현장 상황일 뿐이다. 중요한 합의라면 그 물량, 규격, 가격, 자재 구입 기한, 설치 기한 등 분쟁이 될 만한 요소들에 대하여 문서든, 카카오톡이든 객관적인 형식으로 남겨야 서로 불필요한 분쟁이나 번거로움이 없다는 정도의 취지이다.

대부분 건축 발주는 생전 처음이거나 평생에 몇 번 없을 경험이고, 수개월이나 수년간 자주 접촉하니 친밀한 관계이기도 하다. 나의 꿈을 현실화하는 과정이기도 하니 어찌 적대적인 관계이기만 할까. 그런 사람들과의 마무리가 원만하길, 복잡하지 않기 위한 과정으로 이해하면 적당할 듯하다.

어떤 증거가
유의미한 증거일까?

**법적 분쟁이 생겼을 때, 어떤 자료가
유의미한 증거가 되는 것일까**

처음 상담할 때 의뢰인 말로는 "증거자료가 충분히 있다. 서류도 받아뒀다. 녹음도 있고, 문자도 있고, 각서도 있다"라는데, 실제로 확인해보면 그 대부분이 증거 가치가 없거나 내용이 부실한 경우가 많고, 반대로 얼마 안 되는 자료, 짧은 문자, 우연히 찍은 현장 사진들이 매우 도움이 되는 경우도 있다. 증거의 가치에 관한 일반인의 생각과 소송상의 판단 간에는 꽤 큰 간극이 있는 듯하다.

무엇이 유의미한 증거일까? 시공 과정에서 잡다하게 발생하는 자료들 중 어떤 것을 보관해야 하는 것일까. 합의서나 각서를 쓴다면, 문자로라도 보낸다면 어떤 내용이 담겨야 하는 것일까?

일률적으로 말하기는 조심스러운 측면이 있지만, 개략적인 기준을 아는 것만으로도 자료보관, 증거수집에 용이할 것으로 생각된다.

어떠한 부분에 관하여 증거를 남겨야 하는 것일까?

예를 들어 건축주와 시공사가 시공 과정 도중에 건물 뒷면 주차장 입구 외벽의 마감재 설계 변경을 합의했다고 가정하자. 착공 당시의 설계도면상에는 특별한 외장재 부착 없이 콘크리트 외벽을 그대로 두려던 부분인데, 건물 골조가 올라가고 건물의 윤곽이 구체화되는 것을 지켜보다 보니 욕심이 생겼다. 건축주 입장에서는 분양이나 임대를 위해서라도 외부에 빈번히 노출되는 주차장 출입구가 좀 더 고급스럽게 보이면 좋겠다 싶었던 것이다.

이 때 건축주의 핵심적인 고민은 '설계 변경 얘기를 꺼내서 괜히 준공기간이 늦어지는 것이 아닐지(시공사가 준공기간을 늦출 빌미가 되는 것은 아닐지), 설계 변경으로 증액될 금액은 얼마인지(시공사가 부당하게 많은 금액을 요구하지는 않을지)'일 것이다. 그래서 건축주는 시공사와 협의함에 있어서 "전체 공사기간에 지장 없는 범위에서, ○○○원 범위 내에서 주차장 출입구 부분을 고급화하는 방안, 외장재를 추가할 방안을 검토해달라"라고 상의하였고, 결론적으로는 주차장 입구 부분에 "A사 대리석 200㎡"를 추가로 붙이기로 설계 변경하였다고 하자.

이 경우 분쟁을 대비하려고 한다면, 어떤 부분의 증거가 있어야 할까. 우선 시공의 위치, 대리석의 규격(가로, 세로, 두께), 물량을 적어야 하고, A사의 어떤 색상 등 특별한 스펙까지 결정한 합의라면 그 내용도 분명히 남겨두면 좋다. 공사기간을 정하였다면 그 기한, 그 기한을 넘길 때의 불이익을 정하였다면 그 내용 등 합의 내용을 구체적으로 적을수록 좋다.

협의 단계의 방대한 문서보다는 최종적으로 합의된 내용이 담긴 카톡이 낫다

설계 변경 협의는 한 번에 결정되는 경우가 별로 없다. 외벽의 어느 구간에 어느 정도의 면적에 붙일지, 어떤 석재로 할지, 여러 회사의 여러 색상의 자재 중 어떤 것으로 할지를 결정하는 과정에 수많은 견적서, 통화, 카톡, 문자가 오갔을 것이다.

어떤 의뢰인은 꼼꼼한 성격 덕분에 협의 당시 시공사로부터 받았던 여러 석재회사 A, B, C의 견적서, 이러저러한 협의과정의 서류들을 꼼꼼히 방대하게 보관하고 있는 경우가 있다. 그러나, 막상 최종 합의사항이 "A사 대리석 200㎡, 대금 얼마"라는 내용은 전혀 증거가 없다면 중간의 협의사항은 의미가 없다. 앞서 A사로부터 받은 견적서가 있으나, 최종 합의된 내용과는 석재도 약간 다르고, 물량도 다르고, 금액도 그 견적서의 금액보다 낮게 합의된 것을 주장하려는 것이라면 A회사의 견적서는 의미가 없다. 중요한 것은 무수한 협의과정이 아니라 최종 합의내용이 무엇인지이다.

반대로 중간의 협의자료는 거의 없는데, 최종 합의내용은 증거를 가지고 있는 경우도 있다. 최종 협의가 끝난 후 건축주가 시공사에게 카톡이나 문자를 보내면서, "그럼 건물 뒤편 주차장 마감은 A사 대리석 200㎡, ○○○○○원, 자재는 1월말까지 반입돼서 전체 공사기간에는 영향없는 것으로 확정된 것으로 알면 되겠죠", "위치는 지난 주 토요일 오전에 카톡으로 보내주신 도면의 위치인 거죠?"라는 정도의 내용에 시공사 담당자가 "네, 맞습니다. 감사합니다" 하는 정도로 확인해줬다면 충분하다.

반드시 합의 때마다 문서화해야 하는 것은 아니다

"주차장 입구 마감재 변경" 같이 단순한 1개의 항목도 이렇게 여러 단계의 협의를 거쳐 확정되는 바, 시공 단계에 따라 수시로 이루어지는 세부 항목 합의에 대하여 그때 그때 계속 항목별 증거를 남겨야 하는 것일까? 필요성 대비로 너무 피곤하고 현실적으로 가능하지도 않다. 상대방도 발주자의 이런 태도에 예민해질 수 있다.

현실적으로 조언하자면, 여러 설계 변경 합의가 수시로 이루어진 이후에, 추가공사 내역을 묶어서 기존 합의내용을 명시하는 방식도 좋다. 금액이 크고 이해관계가 첨예한 항목에 관한 합의 때라든지, 공사기간이 길다면 몇 달에 한 번 정도 그간의 구두합의를 정리하는 것도 좋다. 인테리어, 마감공사 과정에 설계 변경이 많이 발생하므로, 인테리어 공사의 착수 직전에 설계 변경 사항들을 한 번에 내역화하여 양측이 합의하는 것도 좋다. 공사 막바지의 정산 단계에서 분쟁 규모를 줄이려면 최대한 앞선 단계의 불분명한 사항이 적은 것이 좋다.

오히려 꼭 양측이 서로 정색을 하고 서명한 문서가 아니라도, 상대방이 작성한 문서(이메일, 카톡, 문자 포함)에 최종 합의된 내용이 기재되어 있고, 그것이 협의가 아니라 확정사항이라는 취지가 기재되어 있으면 해볼 만하다.

인증보다는 물증이, 소송 중보다는 소송 전의 자료가 신빙성이 높게 판단된다

증거란 법관이 오관(五官)으로 조사하여 사실의 존부 또는 진부(眞否)에 관하여 심증을 얻는 근거를 말한다. 증인·감정인·원피고 당사자의 법정 진술 등은 인증에 속하고, 문서·검증물 등은 물증이 된다.

만일 증거가 여럿일 때 어느 것이 더 신빙성 있게 판단될까. 인증의 경우 그 진술자가 증언하면서 자신의 기억이나 의견을 왜곡할 가능성을 완벽히 배제하기 어렵다. 특히 당사자와 이해관계 있는 사람의 진술이라면 더욱 그러하다.

예를 들어 건축주와 시공사 간에 합의한 내용이 무엇인지에 대하여 건축주의 지인, 시공사 직원이 각각 건축주와 시공사측의 증인으로 증언한다면, 그들의 증언 방향은 예상되지 않는가(만일 불리한 내용밖에 기억 못 하는 지인이라면 굳이 증인 신청을 했을까 싶다)? 따라서 증언의 경우 당사자와 친소관계가 있을 경우, 중립적인 제3자(인근 주민, 공인중개사, 설계사 등)의 증언과 대비한다면 신빙성이 약하게 판단될 수 있다.

일반적으로 인증보다는 물증이 신빙성이 높다고 평하는 것은 물증이 생성될 당시에 소송을 염두에 두고 작성되지 않았을 때에 한정된다. 소송상의 필요에 따라 소송 중에 작성한 일방적인 자체 문서, 메모라면 그 신빙성을 높게 인정받기 어렵다. 상식적으로 생각해도 타당하지 않은가.

따라서 합의 당시에 정식으로 문서화하지 않았더라도, 아직 분쟁이 본격화되기 전에 중요한 부분에 대하여 문자, 이메일로라도 양측이 그 부분을 합의했다는 점이 남아 있다면 매우 유의미한 증거가 될 수 있다.

상대방이나 제3자가 작성한 자료가 유리하다

작성 시점을 떠나 그 문서를 누가 어떤 경위로 쓴 것인지 역시 매우 중요하다. 건축주 본인이 쓴 메모, 언제 썼는지 모를 수첩 내용이라면 주체, 작성 시점 불분명 등으로 그 신빙성이 크지 않다. 반면, 시공 중 상대방이 우리측에게 보내온 이메일, 문자, 카톡이라면 이는 매우 신빙성이 높은 증거이다. 작성자 본인에게 불리한 문서는 신빙성이 높게 평가된다.

확신할 수 없는 증거의 세계

변호사 실무 20년 차이지만, 재판부가 원피고가 양측에서 제출한 모순되는 자료들, 사진, 카톡, 의미가 애매한 문자들 중 어느 것에 어느 정도의 신빙성을 인정할지, 어떤 방향으로 결론을 내릴지는 확답이 어렵다. 사람의 판단을 받는 것이므로 특히 사실 인정에 있어서 일정 정도의 주관성은 필연적이다.

그럼에도 처음 소송을 준비할 때의 승소 가능성보다 변론종결할 때 승소 가능성을 높이는 것이 증거의 힘이다. 객관적 수치로 계량하기는 어렵지만, 20:80, 40:60으로 승소를 장담할 수 없는 사건이 변론종결 즈음에 80:20으로 조금 안심하게 되는 것이 목표이다. 여러 증거들이 우리측 주장의 방향과 동일한 방향을 가리키며 일관성을 가질 때 승소 가능성이 높아진다.

건설소송에서는
감정인이 판사다

감정은 건설소송에서 자주 활용되는 증거 조사 방법이다. 감정 (鑑定)이란 "법관의 판단 능력을 보충하기 위해 특별한 지식, 경험을 가진 전문가에게 그 전문적 지식, 경험법칙 또는 이를 이용한 전문가의 판단을 법원에 보고하게 하는 증거 조사 방법"을 말한다.

의료사고로 인한 손해배상 소송에서 법관이 의료상 과실이 있는지, 인과관계가 있는지, 장애 정도, 치료비를 판단하기는 현실적으로 어려운 바, 이에 의료기관에게 신체감정, 진료기록 감정 등을 의뢰하여 전문가의 경험 및 전문지식에 따른 판단을 보고받아 그 결과를 증거로 사용하는 것이다. 건설소송 역시 건축물의 측량, 상태 감정이 필요한 경우도 있고, 최종 기성고 공사대금이 얼마인지, 완공된 건물의 추가 공사대금이 얼마인지, 설계대로 시공되지 않은 오시공, 미시공, 하자시공이 어디 어디이고 그에 대한 항목별 하자보수비가 얼마인지 등의 부분은 법관이 직접 판단하고 금액을 산출하기 어려운 부분이므로 전문가의 기술적인 보조가 필요한 것이다. 결국 건설소송 중 절반 정도는 감정을 필요로 하는데, 감정이 시행되는 사건이라면 그 감정 결과는 원피고의 승패에 매우 중요한 요소가 된다.

법원 감정에서 법원과 감정인, 원피고 간의 관계

법원 감정에서 감정인은 법관에게 보고하는, 법관의 보조자로서의 지위를 갖는다. 법원 감정은 원피고가 아니라 법원이 감정인에게 의뢰하는 절차로서 전체 감정 절차를 법원이 주도한다. 원피고는 재판부에게 감정을 신청할 뿐이고, 재판부는 그 신청한 감정사항을 그대로 채택하기도 하지만, 그 감정 기준이 불명확하거나청구의 입증과 괴리가 있는 경우에는 감정 사항의 보완을 명하기도 하고 감정 신청을 기각하기도 한다. 감정 신청을 채택해도 감정인을 누구로 할 것인지도 법원의 몫이다.

감정 절차는 감정기일로 시작된다. 법정에서 법관이 감정인에게 감정인 선서를 시키고 허위감정의 벌을 경고할 뿐 아니라, 감정 사항, 감정 기준 및 감정인이 유의할 사항 등을 고지한다. 원피고 일방과 따로 접촉하지 말라거나, 원피고로부터 감정에 필요한 자료를 수령할 때 반드시 상대방도 그 내용을 알 수 있도록 하라는 등의 내용이다. 이를 위해 원피고가 법원에 제출하여 법원을 통해 감정인에게 전달되게 하는 재판부도 있고, 재판부 없이 원피고와 감정인 간에 주고받되 상대방용의 사본을 감정인에게 함께 제출하게 하거나 이메일의 공동수신인이 되게 하는 방법 등이다.

이렇게 상세히 설명하는 것은 이것이 재판부가 당사자들이 소송 외로 사설기관에 의뢰하여 받은 '사감정'에 대하여 신빙성을 잘 인정하지 않는 이유이기 때문이다.

업무 단계에 따라 감정인에게 감정료를 지급하고, 감정서를 회신받는 주체 역시 법원이다. 감정서가 보고된 이후 그에 대하여 원피고가 보완감정을 신청할 경우에도 법원을 통해 그 신청 및 회신이 이루어진다. 법원은 감정 절차 전반의 지휘 감독자이다.

어떤 사람이 감정인이 되는지?

대법원 예규에 따라 매년 법원행정처가 감정인 명단 등재 모집 공고를 하고, 그 신청자들의 명단을 각급 법원에 보내어 심사하는데, 일정한 자격, 경력요건을 충족하고 형사처벌 등 결격사유가 없는 자들로 감정인 명단이 확정된다.

건설감정은 '공사비 등' 감정과 '특수감정' 2가지 분야로 감정인을 모집하는 듯하고, '공사비 등' 분야는 주로 공사비나 하자감정을 수행하는 업무라서 건축사, 건축구조기술사, 건축시공기술사들이다. 특수감정 분야는 구조기술사, 구조안전 전문가 등이 속해 있다. 건물의 균열, 안전성 등에 대한 감정은 건축사나 시공기술사들의 영역과는 또 다른 특수분야이기 때문이다.

2021년 기준으로 공사비 등 분야의 감정인 수는 3,560명이다. 10개 법원까지 중복 등재 가능한데 중복된 인원을 포함한 숫자이다. 특수감정인은 197명이다(사법정책연구원, 〈민사건설재판의 개선방안에 관한 연구〉, 54~55쪽 참조). 여러 법원에 중복 등재가 가능한 탓인지 경상도, 전라도 소재 법원의 감정에서도 서울에서 활동하는 감정인들이 채택되는 경우가 흔하다.

재판부는 소속된 법원이 보유한 감정인 명단에서 3인의 후보자를 지정하여, 원피고 양측에게 그들의 자격, 경력, 예상감정료를 보내어 의견을 묻는다. 적합한 감정인에 관하여 1, 2, 3순위로 회신하는데, 이왕이면 감정료의 가격이 낮고, 동종 분야의 감정 경험이 많은 감정인을 선호한다. 재판부가 원피고의 의견에 기속되는 것이 아니다. 양측의 의견이 다를 경우 통상은 감정을 신청한 당사자측의 의견을 존중하여 감정인을 결정하는 것 같다.

참고로 감정료는 감정 신청한 측에서 예납(豫納)하지만, 예납이라는 명칭에서 보듯 이는 최종적인 부담이 아니다. 감정료, 변호사 비용을 포함한 소송 비용은 패소자 부담이 원칙이다. 판결문에서는 청구에 대한 판단 외에 소송 비용 부담 비율도 함께 판단한다. 승소비에 따라 원고가 40%, 피고가 60% 등 비율적으로 판단되기도 한다. 이처럼 감정료, 양측의 변호사 비용 등 소송 비용이 패소자 부담이라는 것을 생각하면, 소송 도중 당장의 감정 비용, 변호사 비용이 얼마인지보다는 어느 감정인, 어느 변호사가 최종 승소에 도움되는지를 볼 일이다.

법관은 감정인의 감정결과대로 판결해야 하는 구속력이 있는 것인지?

우리 대법원은 "감정인의 감정결과가 특별히 감정방법 등에 있어 경험칙에 반하거나 합리성이 없는 등 현저한 잘못이 없는 한 이를 존중하여야 한다"는 입장이다(대법원 2007. 2. 22. 선고 2004다70420 판결 등 다수). "특별히 현저한 잘못이 없는 한" 감정 결과를 존중해야 한다는 것은 감정 결과에 대하여 매우 높은 신빙성을 인정한다는 취지이고, 실제로 대부분의 판결에서 감정 결과의 대부분을 인정한다. 일부 항목을 배제하거나 일부 비율을 조정하는 등의 수정은 있지만 대체로는 감정 결과의 틀을 벗어나지 않는 것 같다.

이런 이유로 "건설소송에서는 감정인이 판사다"라는 말이 있는 듯하다. 따라서 건설소송에서 좋은 결과를 얻으려면 우선 감정 결과를 잘 받아야 한다. 감정 절차에 소송의 승패가 달려있다고 해도 과언이 아니다.

좋은 감정 결과를 얻기 위해 해야 할 일

첫째 법원에 제출하는 감정 신청 사항 및 감정 기준이 취지에 맞게 정확히 작성되어야 한다.

예를 들어 발주자와 시공사측에서 각자 최종 도면이라고 주장하는 도면이 서로 다른 경우가 있다. A, B 도면 중 어느 도면이 원피고 간의 최종적인 약정 도면으로 볼 것인지에 따라 시공상태에 대한 판단이 달라질 수 있다. A 도면을 기준으로 감정할 경우, B 도면에 충실하게 시공한 부분이 무단변경 시공으로 평가되어 원상회복비용이 인정될 수 있다. 양측이 주장하는 설계도면이 다른 경우, 상대방이 자신의 주장 도면으로 감정 신청을 한 것에 대하여 우리측도 우리의 주장 도면을 토대로 별도로 감정을 신청해야 한다.

둘째, 감정인이 현황파악을 하기 위해 필요한 자료들을 충실히 제출해야 한다. 자료 제출만이 아니라 그 자료의 취지도 명확히 설명해야 한다. 감정인이 물론 직접 현장조사를 하지만, 현장에서 확인되는 현황 외에 양측으로부터 제공받은 객관적인 자료들도 현장을 이해하는 데 필수적이다. 감정인이 사건 현황에 관한 자료를 어느 정도까지 제공받았는지에 따라 감정 결과가 달라질 수밖에 없다.

특히 감정인이 현장조사하는 상황과 감정하는 시점의 현황이 다른 경우에는 그 감정 당시의 현황에 대한 자료는 자료 제출이 있어야 구체적인 판단이 가능하다. 예를 들어 현재는 완성된 건물인데, 감정사항은 6개월 전 시공사가 현장을 이탈할 당시의 미완성 상태의 기성고인 경우이다. 당시 상황을 객관적으로 알 수 있는 자료를 최대한 제출해야 한다. 예를 들어 시공사가 무단으로 철수하기 전에 건축주에게 기성금 청구서라면서 스스로 작성하여 제출한 내역서가 있다거나, 무단 철수 직후에 설계사나 감리사무실에게 부탁하여 촬영한 현장 동영상과 사진 등이 그 예이다.

다른 예로 과거에 건물에 심각한 누수가 발생하여 피해를 입었는데, 임차인의 건물 사용에 지장이 없도록 하기 위해 급한 하자보수를 이미 이행한 상태라서 누수의 원인 및 피해 현황이 많이 가려진 상태에서 이루어지는 하자보수비 감정도 있을 수 있다. 그 누수공사 전의 상황을 알 수 있는 자료들, 하자보수비의 내역이 그 누수공사를 위한 상당한 비용인지를 알 수 있는 자료들을 충실히 제출하는 것이 필요하다.

나름대로 사진과 자료를 보관하고 있는데 그 자료들이 증거로
서 가치가 없어 안타까운 경우도 상당히 많다. 하자가 발생하였을
때 하자보수 이전 단계에서 증거 확보의 방법에 관하여 변호사의
도움을 받는 것이 필요한 이유이기도 하다.

셋째, 아래 그림을 보듯 감정인이 감정사항 및 목적물의 현황
을 파악하는 절차는 감정 절차의 초기에 집중된다. 따라서, 늦어도
감정인이 주재하는 최초 현장 조사 기일 전까지 감정에 반영되어
야 할 자료와 설명이 제출되어야 한다.

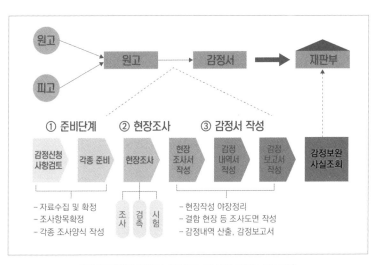

감정서 작성단계(이기상, 《건설감정 공사비편》, 박영사, 15쪽 참조)

넷째, 상대방의 감정신청 및 자료 제출에 대하여도 의견을 제출
해야 한다. 상대방이 감정신청하였는데 그 기준이 부당하다면 이

를 피력해야 재판부나 감정인이 감정의 채택 여부 및 감정 결과에 적절히 반영할 수 있다. 상대방 제출 자료 중 감정에 쓰이기 부적합한 자료가 있다면 그에 대한 의견도 밝혀야 한다. 예를 들어 발주자가 전혀 본 적 없는 낯선 설계도면을 마치 발주자의 승인을 받은 설계도면인 듯이 감정인에게 설명하고 제출한다면 감정인은 그 도면의 취지를 오해할 수 있으니, 발주자측의 입장을 알리는 것이 필요하다.

다섯째, 감정 결과가 일단 도출되고 나면 감정인은 자신의 판단을 번복하는 일이 극히 드물기 때문에 처음 감정서가 중요하다. 감정서를 받은 후 모호한 부분이나 모순이 있는 경우, 그 모호함을 해소하기 위해 감정인에게 보완감정, 사실 조회 등을 신청하지만, 현실적으로 감정인이 자신의 기술적인 판단을 번복하는 경우는 흔하지 않다. 오히려 스스로의 판단을 옹호하기 위해 기술적인 논거를 더 강력하게 보강하는 회신을 보내는 경우가 대부분이다. 감정인들이 대부분 자기 분야의 전문가인 점에서 어설프게 각종 오류를 지적하는 것은 오히려 감정인을 자극하는 결과만 될 뿐, 감정인의 판단을 돌리는 데 유익하지 않다.

보완감정을 신청한다면 기준이나 사실 관계를 추가, 보강하는 방법으로 감정인의 기존 판단을 정면으로 비판하지 않는 것이 효율적이다. 그러나 비교할 수 없이 중요한 것은 최초 감정 결과를 잘 받기 위해 노력하는 것이다.

사감정은 대체로 재판부에게 신뢰받지 못한다

참고로 증거 확보 차원에서 사설기관에 사감정을 의뢰하여 받아두는 경우도 흔히 있는데, 그에 대한 재판부의 신뢰는 크지 않다. 사감정업체가 법원 감정인 명단에 있는 업체라도 마찬가지이다. 이는 법원 감정과 달리 사감정의 경우 당사자 일방의 비용 및 의뢰로, 그 당사자가 제공한 사실 관계나 자료를 토대로 판단하고, 상대방에게 의견이나 자료제출의 기회 보장 등 절차 보장이 없는 감정이라는 점에 큰 요인이 있다. 소송 과정에 사감정보고서를 제출하는 경우 대부분의 상대방이 이 같은 신빙성 문제를 제기하는 바, 결국 법원 감정을 대체하는 자료가 되기 어렵다.

따라서 만일 굳이 사감정을 받는다면, 상대방과 공동으로 감정인을 선정하고, 상대방이 대등하게 의견 및 자료 제출 기회를 받고, 상호 입회하에 현장 조사를 진행하는 등 상대방에게도 감정절차에 참여할 기회를 부여함으로써 결과의 신빙성을 높이는 것을 권고한다.

이 같은 낮은 신빙성에 비추어 사감정은 추천하지 않는다. 소송에 승산이 있는지 등 기술적인 면에 관하여 의사 결정을 하기 위해 낮은 비용으로 간이한 사감정을 받아보는 정도라면 모를까, 법원 감정과 같이 유의미하게 사용될 것을 기대하여 막대한 비용과 시간을 들이는 것은 피하길 권유한다.

재판부는 중립적인 심판이지
보호자가 아니다

소송 당사자인 원고나 피고가 변호사를 소송대리인으로 선임하지 않고 본인이 직접 소송을 수행하는 것을 '본인소송' 또는 '나홀로 소송'이라고 한다. 참고로 법무사에게 의뢰하여 법원에 제출할 준비서면을 대신 작성하는 경우도 본인소송의 일종이다. 법무사에게 소송대리권이 없으므로, 법원에 출석하고 법정에서 진술하는 실질적인 변론 절차는 모두 본인이 직접 감당해야 한다.

법정에서 재판을 기다리다 보면, 가끔 본인 소송의 변론 장면을 볼 때가 있다. 남의 사건인데도 불구하고 위태위태할 때가 있다. 물론 내 사건의 상대방이 소송대리인 없이 본인소송을 한다면 그 위태로움이 나쁘지 않지만…. 재판부는 보통 본인소송하는 당사자에게 우호적이고 좀 더 기회를 주려는 경우가 많다. 그런데, 안

타깝게도 본인 소송하는 당사자들은 대부분 그 힌트조차도 알아듣지 못하고 동문서답을 하는 경우가 많이 있다. 문제는 동문서답을 넘어서, 하나마나하고 의미없는 정도를 넘어서 치명적으로 불리한 말을 하는 경우이다. 본인소송에서 가장 문제가 되는 것 중 하나는 불리한 사실에 대한 자백이다.

불리한 사실에 대한 자백

불리한 사실에 대한 자백은 쉽게 번복할 수 없고 재판부가 그 자백대로 사실 인정을 해야 하는 구속력이 있다는 점에서 소송결과에 직접 영향을 미친다. 실제로 당사자가 그런 의도로 진술했다면 덜 억울할 텐데, 대부분의 경우 자신이 하는 말의 법적인 의미를 잘 모르고 진술하는 경우가 많다.

민사소송법상 주요 사실이나 처분문서의 진정성립(眞正成立 : 문서의 작성과 내용이 명의자의 의사대로 이루어져 진정성이 인정됨)에 대한 자백은 상대방에게 증명 책임이 면제되고 재판부가 그 자백한 내용대로 사실 인정을 하여야 하는 구속력이 있다. 자백을 철회하려면, 자백한 내용이 진실이 아니고 착오에 의한 것임을 적극적으로 주장, 입증해야 하는데 실제로는 쉽지 않다. 주요 사실이란 "법률효과를 발생시키는 실체법상의 구성요건 해당 사실"을 의미하는 바, 개별 사건에서의 청구 및 항변에 따라 구성요건이 다르다.

'주요사실', '처분문서'와 '증명책임', '반진실과 착오'라는 용어를 그대로 사용하여 설명한 이유는, 위 문단의 내용이 그대로 이해되지 않는다면 본인소송을 해서는 안 된다고 말하고 싶어서이다. 자신의 진술 중 어느 부분이 불리한 자백이 될 수 있는 부분인지를 인지하지 못한다는 뜻이기 때문이다.

경기규칙을 모르면 직접 선수로 뛰면 안 된다

소송에서 유의미한 부분은 정해져 있다. 민사소송은 민법, 민사소송법이라는 경기규칙에 따라 이루어지는 것이므로, 경기규칙을 모른다면 직접 선수로 뛰면 안 된다. 마치 펜싱 경기를 볼 때, 일반인이 보기에는 A 선수가 움직임도 많고, 공격도 많은데 판정패 당하기도 하고, 반면 별로 움직이지도 않은 B 선수가 이기기도 하는 것과 같은 이치. 성의나 노력, 많은 움직임이 중요한 것이 아니라, 정해진 과녁을 맞추어야 이기는 것이다. 법정에서는 많은 말이 필요한 것이 아니라, 쟁점에 대하여 구체적 주장과 증거가 있어야 한다.

민사소송에서 법원은 중립적인 심판에 불과하다

보통 재판부는 본인소송의 당사자에게 관대하게 발언 기회를 주는 듯하다. 그러나 발언을 들어준다고 하여 그로 인해 소송 결과가 달라지는 것은 아니다. 서면으로 답변하고 증거를 제출하지 않는 한 재판부가 당사자의 주장에 손을 들어줄 방법이 없다.

민사소송은 대등한 사인(私人) 간에 발생하는 재산상 분쟁을 해결하는 절차라는 점에서 일방에게 유리하면 그 상대방에게는 불리해진다. 민사소송에서는 당사자주의가 적용되는 바, 법원이 아니라 사건 당사자가 주도권을 가지고 소송을 진행하게 된다. 법원은 제3자의 입장에서 소송당사자의 주장과 입증을 판단하는 역할을 하는 중립적인 심판에 불과하다.

그 결과 민사소송에서는 당사자들이 제기한 문제의 범위에 한정하여 심판하고(처분권주의), 당사자들이 제출한 사실 및 증거자료를 기초로 판단하는 것이 원칙이다(변론주의). 이는 형사소송에서 법원이 적극적으로 증거를 수집할 수 있는 직권탐지주의가 적용되는 것과 구별된다.

물론 민사소송법에서는 법원의 후견적 역할을 일부 인정하여, 당사자가 소송을 수행하는 과정에 부주의 또는 소송수행능력 부족으로 인해 필요한 주장을 불완전하게 주장하거나 제대로 증거를 제출하지 못하는 경우를 보완하는 '재판부의 석명권'을 규정하고 있으나, 그 범위는 여전히 변론주의 원칙에 위배되지 않는 한도에서의 소극적인 범위에 그친다.

즉, 불완전한 주장, 모순된 점, 불분명한 점 등을 지적하여 정정의 기회를 주는 것에 그칠 뿐, 당사자가 제기하지 않은 새로운 주장이나 증거신청을 권유하는 적극적인 석명권 행사는 허용되지 않는다.

우리 대법원은 "석명권은 소송관계를 명료하게 하기 위한 제도이므로, 당사자가 주장하지도 않은 요건사실이나 공격방어방법을 시사하여 그 제출을 권유하는 행위는 변론주의 원칙에 위배되고 석명권 행사의 한계를 일탈한 것으로서 허용되지 않는다(대법원 2001. 10. 9. 선고 2001다15576판결 참조)"라는 입장이다.

따라서, 설령 재판부가 보기에 일방 당사자의 상황이 딱하거나 당사자가 누락한 중요한 주장이 있더라도, 그 당사자에게 유리한 주장이나 방향을 조언하는 것에는 한계가 있다. 본인 소송의 경우 재판부가 넌지시 도움이 되는 조언을 하는 경우도 가끔 있으나, 대부분 당사자들은 이 역시 알아듣지 못한다.

자신의 정당한 권리를 찾지 못하는 당사자에게 재판부가 할 수 있는 유일한 배려는 "법을 아는 사람의 조력을 받으라. 변호사와 상담을 해 보라"는 조언이 전부이다. 당사자 소송의 경우 본인이 인지하는 소송수행의 부족함 외에, 전혀 인지하지 못하고 있는 흠결이 더 문제이다.

그러니, 법원이 보호자가 되어 줄 것을 애초에 기대하지 말자. 민사소송은 당사자주의가 적용되므로 스스로 자신의 권리를 찾아야 한다. 비전문가라면 자기가 자신의 권리를 대변할 것이 아니라 자신의 권리를 가장 효과적으로 주장할 대리인을 찾고, 그와 협력하는 일에 최선을 다하는 것이 가장 바람직하다.

3장

*

변호사를
잘 뛰게 하려면
당신은 어떻게 해야 하는가?

단독으로 입장을 표명하지 말고, 가능한 빨리 변호사를 선임한다

분쟁의 시작 단계에서 바로 소장을 받는 경우는 극히 드물다. 보통은 양측에게 이견이 있으면 우선은 직접 만나거나 통화, 카톡, 문자 등으로 서로의 의견 및 그 근거들을 주고 받는다. 준공정산내역서, 수정내역서 등 근거 자료들을 함께 주고 받기도 한다. 그러다 소송 직전 단계가 되면 시공사가 내용증명을 보내기도 한다. 참고로 양측이 모두 회사나 공공기관 등 법인인 경우에는 분쟁 초기 단계부터 내용증명으로 자신의 입장을 밝힌다.

이 같은 시기에 오간 문서, 이메일, 카톡들은 소송에서 자주 증거로 제출된다. "분쟁 초기 단계만 해도 건축주가 추가 공사의 지시 사실을 스스로 인정했었다"라거나 "소송 전 단계만해도 시공사가 자신의 탓으로 공사가 지연된 사실을 스스로 인정했다. 그에 따라 공사대금 1천만 원 감액을 제안했다"는 식의 주장과 함께 위 시기의 의사소통들을 증거로 제출하는 것이다. 아직 본격적인 분쟁 이전 단계이므로 증거로서의 활용을 염두에 두지 않은 허심탄회한 의사소통으로 평가될 수도 있으니, 의사소통에 신중해야 한다.

이런 시기에 접어들었으면 변호사를 선임하는 것이 좋다. 상대방 문서에 대하여 회신하여야 하는지, 회신한다면 어떠한 내용으로 회신하는 것이 좋은지 등 대응 방향을 변호사와 협의하고, 상대방에게 보낼 회신의 구체적인 표현이나 내용도 자문을 받는 것이 좋다. 불리한 증거를 만들지 않을 뿐만 아니라, 우리측이 상대방에게 대응하여 주장할 만한 항변들이 누락된 것이 없는지를 점검하기 위한 목적도 있다. 변호사 선임은 소송을 시작하려는 것이 아니라, 증거관계를 챙겨 소송으로 이전될 가능성을 낮추고, 일단 원만한 준공정산으로 마무리되기를 기대하는 것이다.

이미 소송이 시작되었다면

우리측이 소송을 제기하려는 것이거나, 상대방에게 소장을 받아 응소해야 하는 상황에서도 가능한 빨리 변호사를 선임하는 것이 필요하다. 변호사 수임료는 1심 소송의 초반에 선임하든, 중반이나 변론종결 직전에 사건의 패색이 짙어져 불안감에 선임하든 차이가 없다.

변호사가 신건에 착수하려면, 전체적으로 사건을 파악해야 하므로 업무의 범위는 똑같다. 오히려 변호사 선임 전에 의뢰인이 본인 소송으로 법원에 제출한 서면이 있는 경우 그 내용은 대부분 불리한 경우가 많아서, 변호사가 소송에 처음부터 관여하는 경우와 대비하여 업무량이나 난이도가 높아지는 경우가 대부분이다.

본인소송(셀프소송)이 위험한 이유

비전문가인 일반인이 일상의 언어로 쟁점이나 사실 관계를 설명할 경우, 법적으로는 전혀 다르게 판단되는 경우가 생각보다 흔하다. 당사자들 입장에서는 "실제 상황을 자세하게 설명했고, 재판부도 잘 이해하는 듯했다"라고 기억할지 몰라도, 법적인 측면에서 당일의 진술은 의미가 전혀 다를 수 있다.

예를 들어 시공사 A가 건축주 B를 상대로 공사대금청구소송을 제기한 사건의 변론기일에 재판부가 건축주에게 "시공사가 공사를 다 끝냈나?"라고 질문하였다고 가정하자. 건축주 B는 "그렇다. 그렇지만 마무리가 엉망진창이어서 이러이러한 생활의 불편이 있었다(생활의 불편에 대한 긴 설명). 여러 번 시공사에게 마무리를 독촉했지만(장황하게 일자와 그때의 문장, 표현 등을 장황하게 인용), 시공사 A의 담당자는 이러저러한 핑계만 대고, 잔금을 달라고만 하지 전혀 마무리하지 않았다(여러 번 약속을 어긴 것에 대하여 일자, 핑계 등을 장황하게 설명), 그로 인해 건축주 B 본인이 직접 자비를 들여 마무리했고, 이러이러한 시간, 비용을 들였다(직접 공사한 과정, 주변에서 고생 많다, 억울하겠다고 얘기했다는 등 장황한 설명)"라고 답변하였다고 생각해보자.

재판부가 "어느 부분의 공사가 얼마나 덜 마무리된 것인가"라는 질문에 "화장실의 문짝을 달지 않아서 며느리와 함께 사는 집에서 큰 불편이 있었다". "2층 베란다의 방수를 제대로 하지 않아서인지 빗물이 건물 안쪽 벽으로 스며들었고, 그로 인해 벽지가 우글우글해지고 오피스텔 임대가 원활하지 않았다" 등을 장황하고 상세히 언급하였다.

그 법정에 앉은 모든 법조인, 재판부나 상대방 대리인, 뒤에 앉아서 방청하는 다른 사건 변호사들에게 기억되는 진술은 "피고가 원고의 공사 완공 사실 자인. 다만 일부 미미한 하자가 존재" 정도일 것이다.

즉, 위 긴 설명 중 가장 중요한 부분은 "시공사가 공사를 끝낸 것은 사실이다"라는 첫 마디이다. "미완성"이냐 "완성 이후의 개념인 하자가 존재하는 정도이냐"는 법적으로 매우 다른 평가를 받고, 동종 소송에서 가장 중요한 쟁점이다.

법적으로 건물의 완성이란 완전무결한 상태를 의미하는 것이 아닌 바, "일응(一應, 일단)의 최종공정을 마친 사회통념상의 완성"으로 평가된다면, 비록 일부 하자가 존재하더라도 법적으로 완성된 건물로 평가되고, 이 경우 시공사에게는 잔금청구권이 인정되며 그에 대한 지연이자도 발생한다.

하자를 반영한 공사대금 감액은 그 다음의 문제일 뿐이다. 더구나 '하자보수금에 상당하는 손해배상채권'을 주장하는 상계항변은 '건축주'가 그 하자의 존재, 하자보수금액 등을 구체적으로 주장, 입증해야 한다. '건물의 완성(미완성이 아니라는 점)'은 시공사가 주장, 입증해야 하는 것과 구별된다.

하자의 경우, 당사자들이 체감하는 불편과 달리 금액으로는 그리 크지 않을 때가 많다. 화장실의 문짝이나, 계단 난간의 철물은 그리 큰 비용이 아니다. 더구나 '하자'라는 개념이 성립하려면 '당초 계약내용과 다른 시공', 즉 설계서, 계약서 등을 기준으로 그와 달리 '미시공, 오시공, 하자시공'한 것으로 평가되어야 한다는 점에서 설계도서 등에서 그 구체적인 시공의무가 명백히 확인되어야 한다. 계약문서, 설계도서 자체가 애매한 소규모 공사의 경우에는 시공사에게 해당 부분을 시공할 의무가 있는지 자체가 애매한 경우도 흔히 있다. 설령 시공할 의무가 있더라도, 그 시공할 제품의 품질, 규격이 애매한 경우도 흔히 있는 바, 이 경우 발주자가 직접 시공한 비용이 전부 인정되지 않을 수도 있다. 계약 범위를 넘는 상향 시공이나 개량 시공이라면 그 비용 전체를 시공사에게 전가할 수 없기 때문이다.

결국 하자보수의 문제가 쟁점이 될 경우, 건축주가 소송상 쟁점 대부분을 적극적으로 주장, 입증하지 않는 한 공사대금 잔금을 전부 지급해야 하는 상황이 된다.

변호사를 먼저 만났더라면 어땠을까?

위의 사건에서 실제로 건물이 완성된 상태였을까. 실제로 상담해보면 건축주가 지적한 외에 미완성 부분이 상당히 많이 있는 상태였을지는 모른다. "도급계약상의 일의 완성"인지 여부는 당초 계약상 시공 범위를 토대로 판단하는 것이므로, 법적인 의미에서는 아예 미완성 공종이나 부대공사가 미비된 상태였을 수도 있다.

일반인인 건축주는 객관적인 상황 파악보다는 감정적으로 분쟁을 대하는 경우가 흔하고, 객관적 채무불이행이 아니라 주관적으로 불편이 시정되지 않는 것에 대하여 감정적으로 그 경과를 크게 서술하는 경우가 대부분이다. 이 같이 건축주가 주관적으로 쟁점을 판단하는 경우, 실제 비중있게 다루어져야 할 채무불이행이 쟁점화되지 못하는 경우도 있다. 나아가 뒤늦게 당시의 상황을 파악한 후 기존의 평가나 주장을 변경할 경우, 오히려 이는 번복이나 거짓말로 여겨질 수 있다. 법적인 유불리에 따라 입장을 변경한 것으로 여겨질 수 있다는 의미이다.

만일 대외적으로 법원이나 상대방에게 자신의 입장을 표명하기 전에, 변호사를 만나면 어땠을까. 자신이 처한 상황에 대하여 대외적으로 입장을 표명하기 전에 대내적으로 정확한 상황 파악이 되어 있었다면, 최소한 상대방에게 보내는 문자나 내용증명, 법원에 제출하는 준비서면 등에 당시 상황에 대하여 단정적인 평가로 여겨질 만한 언급이나 서술을 하는 것은 막을 수 있었을 것이다.

나아가 자신의 상황을 객관적으로 파악한다면, 시공사의 청구 중 정당한 청구에 대하여는 신속히 인정하고, 반대로 건축주로서 정당하게 요구할 것은 요구하여 불필요한 분쟁을 차단할 수도 있을 것이다. 소송이 아니라 원만한 해결로 공사를 마칠 가능성이 훨씬 높아졌을 것이다.

변호사는 원만한 해결을 위해서 더욱 만날 필요가 있다

결국 변호사는 소송에 이기기 위한 시점뿐만이 아니라, 소송 없이 양측이 공사를 원만히 마치기 위한 단계에서 더욱 필요하다. 시공사가 공사 준공을 앞두고 잔금 청구와 함께 추가 공사 대금을 청구하는 시점, 즉 공사의 막바지 시점이나 준공 직후의 시점일 경우가 대부분일 것이다.

분쟁 초기에 사건 경위를
정리하고 관련 증거를 모은다

변호사를 선임하든 본인이 직접 소송을 진행하든 분쟁의 당사자가 해야 할 가장 중요한 일은 사건의 경위를 정리하고, 관련된 증거들을 한 번에 모으는 일이다. 이는 우리측의 현황을 파악하여 입장을 정하기 위해서 그리고 상대방의 주장에 대하여 대응 방향을 정하기 위해서 필수적인 일이다.

사건경위서의 가장 큰 목적은 선임한 변호사에게 사건을 인수인계하기 위한 것이다. 의뢰인이 전달하지 않는 한 변호사가 의뢰인에게 과거에 일어난 일을 알 방법이 없다. 변호사가 의뢰인의 사정을 구체적으로 알면 알수록 의뢰인에게 유리한 방안을 누락없이 충실히 검토할 수 있다는 점에서 번거롭더라도 사건 경위를 작성하고 관련된 증거를 모아야 한다.

이처럼 사건경위서의 작성은 보통 변호사 선임 후에 이루어진다. 담당 변호사가 사건 진행을 위해 필요한 자료를 요청하면서, 그와 함께 사건경위서를 작성해달라는 숙제를 줄 것이다. 구체적인 사건에 따라 부각되어야 할 쟁점이 다르므로, 이 사건의 사건경위로 어떠어떠한 내용이 반드시 담겨야 한다고 요청할 것이므로 그에 따르면 된다.

변호사 선임 전 단계에서 간단하게라도 사건경위서를 작성하자

그러나 그에 앞서 변호사선임전 단계에서 변호사 미팅을 앞둔 시점에 사건경위서가 확보되어 있다면 좋은 변호사를 알아보는데 큰 도움이 된다.

변호사를 만나는 직접적인 목적은 사건을 맡길 만한 변호사인지를 탐색하는 것인데, 쟁점이 될 사건의 내용 자체가 구체적이지 않으면 변호사와의 미팅에서 구체적인 문답이 이루어지기가 어렵다. 사건 경위가 정리되어 있지 않으면 막연한 질문에 막연한 답변을 서로 나누면서, 일반적인 법 내용이나 소송절차를 선문답식으로 주고받는 대화가 불가피하다. 변호사의 실력이나 전문성의 차이를 식별하기가 어렵고, 그저 내 상황을 더 공감해주는지, 이해해주는지, 인상이 좋은지를 확인하는 상견례 같은 회의가 될 뿐이다.

구체적인 사건 경위가 있는 미팅의 경우, 변호사의 전문성과 실력을 알아볼 수 있을 뿐만 아니라, 부수적으로 그 변호사의 사건 접근 방식이나 설명 방식이 나에게 잘 맞는지도 알아볼 수 있다. 설령 그 변호사를 선임하지 않게 되더라도 이 사건에 대하여 받은 법리적인 조언이나 진행 방향으로 이익을 얻을 수도 있다. 그 회의 자체의 유익을 누릴 수 있다.

사건경위서가 자세할수록 좋긴 하지만, 아직 변호사 선임 전단계라면 문서의 작성이 막막할 수 있다. A4용지로 1~2장이라도 좋다. 일자순으로 계약 체결, 시공의 중요한 일정, 분쟁의 원인이 된 사건들이 발생한 일정 등을 일지처럼 정리하면 된다. 가능한 육하원칙을 의식하며 누가, 언제, 어떤 이유로, 어떤 방식으로 지시했는지, 그에 관하여 증거가 있는지 등을 비전문가의 수준에서 적으면 충분하다. 뜬금없고 전체 체계에 맞지 않더라도 공사 현장과 쟁점을 이해하기에 도움될 만한 것이면 무엇이든 적으면 된다.

사건경위서 작성과 관련 증거수집을 병행한다

사건경위서를 작성하면서, 그 경위서에 기재된 내용과 관련된 증거들을 함께 수집하는 것이 효율적이다. 이메일, 문자, 카톡, 휴대폰 속의 사진들, 받아둔 문서 등 여기저기 흩어진 증거자료들을 모으는 일을 병행하면 효과적이다. 참고로 여기서 말하는 증거자료란 변경계약서, 합의서 등 직접적인 처분문서만을 말하는 것은 아니다. 민간공사에서는 중요한 계약변경조차도 문서 없이 말로만 이루어지는 일이 흔하다. 재판부 역시 이 같은 민간공사의 현장 관행을 잘 알고 있으므로 정식의 계약서가 없더라도 간접적인 증거만으로도 당사자 간의 합의사실을 인정하는 일이 흔하다.

따라서 직접증거가 없다고 지레 포기할 일은 아니다. 시공 도중에 설계사무소, 현장소장, 작업반장, 자재업자 등 여러 공사 관련자들과 수시로 의사소통한 내용, 그때 그때 주고 받았던 내용들을 한번에 찾아보고 수집하길 권한다. 휴대폰 문자, 카톡, 그에 첨부된 사진들, 이메일, 받아둔 견적서, 찍어둔 현장 사진, 녹음 등을 전체적으로 모으되, 내가 보관한 자료만이 아니라 함께 관여한 다른 사람들(가족이나 지인, 직원) 및 내가 입수할 수 있는 공사 관련자들이 보관하고 있는 자료들도 취합할 수 있는 만큼 취합한다.

이 같이 객관적 자료들이 있으면 사건경위서에 포함되어야 할 여러 주요 일정들이 발생한 시기, 그 내용 등을 되살릴 수 있다. 번거로운 일이기는 하지만, 그 번거로움 이상의 이익이 있을 것이다.

사건 경위서의 효용

사건 경위서의 효용을 정리하면, 핵심적인 용도는 변호사가 의뢰인의 과거 상황을 의뢰인만큼 구체적으로 이해하여 충실하게 소송을 진행하고, 관련 증거들이 일실되기 전에 미리 확보해둔다는 의미가 있다. 두 번째로 변호사의 선임 여부를 결정함에 있어서 여러 변호사 간의 전문성의 차이나 사건 이해도를 구체적으로 식별할 수 있다. 마지막으로 소송 중에는 사건 관련자들에게 자료를 요청하거나, 증인이 되어줄 것을 부탁할 일이 많이 있는데, 정리된 사건 개요가 있으면 사건 관련자들이 과거의 기억을 되살리기에 편리하다. 즉, 띄엄띄엄 남은 불완전한 기억이나 자료를 전체 맥락 속에서 다시 재생할 수 있어서 적극적인 협조를 받을 수 있다.

사건경위서의 양식을 예시하면 아래와 같다.

《사건경위서^(샘플)》

1. 당사자(등장인물)

건축주(의뢰인) : A 약품

- 대표이사 ○○○(계약날 도장찍을 때 외에 본 적 없음).
- 실제로 공사관리, 시공사 의사소통은 ○○○ 실장이 전담(대표이사의 딸).

시공사 : B 건설

- 계약체결 등 책임자 : ○○○(설계감리 ○○○ 건축사의 소개로 알게 됨. 제약회사 공장설비에 전문가라고 소개받았음)
- 현장소장 : 초반 ○○○ 소장. 2018. 12. 월 이후 ○○○ 소장으로 변경

2. 계약의 체결 및 이행 경과

2017. 12. 31. 공사도급계약 체결(#1 최초 계약서, 계약서 첨부내역서, 견적서, 이메일)

- 공사기간 2018. 1. 10~2018. 5. 31.
- 공사대금 2,513,500,000원

2018. 5. 30. 공사도급계약변경계약체결(#2 변경계약서, 변

경계약서 첨부내역서)

- 공사기간 2018. 1. 10~2018. 11. 30.
- 공사대금 3,377,000,000원
- 최초 계약의 약정준공기한이 임박해서 변경계약체결한 것.
- 공사 면적이 4242㎡에서 4812㎡로 늘어나고, 설계 변경사항도 많아 대금 증액

2019. 3. 3. 사용승인.

2019. 4. 5. 시공사, 내용증명(추가공사대금 청구의 건 #3-1)

2019. 4. 10. 건축주, 내용증명(추가공사대금 청구에 대한 회신 #3-2)

2019. 5. 8. 시공사, 내용증명(추가공사대금 추가증빙 제출의 건 #3-3)

- 증빙을 제출하면서, 갑자기 인근 주민 몫의 옹벽대금 청구 2천만 원 항목을 추가

2019. 5. 20. 건축주, 내용증명(추가공사대금 청구에 대한 회신(2) #3-4)

3. 주요 분쟁항목에 대한 의견 (자유형식. 전체 구색 맞추기보다는 핵심요지가 들어가면 족함)

가. 추가공사 중 이견 항목

(1) 옹벽철거공사

- 건축주 입장 : 위 옹벽은 우리 건물 외에 인근 S, K 등 여러 건물을 동시에 지나는 옹벽인 바, 우리 건물부지 앞이 아닌 철거비용은 우리 비용이 아니다. 위 옹벽철거비용 회의에는 매번 S,K 건물의 건축주도 매번 참여했다(근거 #3. 인근주민과의 대금분담합의서, #4. 건축주 및 시공사 ○○○ 이사가 함께 있는 단톡방에서 ○○○ 이사가 건물별 금액 보고한 내용)

- 상대방의 입장 및 근거 : 상대방 내용증명 참조(#5-1. 5-2, 각 내용증명)

(2) ……

(3) ……

나. 공사지연에 대한 지체상금

(1) 건축주의 주장

- 이 사건 준공은 공사준공이 아니라, 구청의 사용승인을 득한 때로 명시되어 있음(변경계약서 특약사항 II의 6항)

- 약정준공일이 2018. 11. 30인데, 실제 사용승인은

2019. 3. 3이므로, 그 기간 동안의 지체상금 청구 원함.

(2) 약점

- 시공사는 건축주측의 설계변경이 늦게 확정되었고, 추가공사로 인해 공사기간이 더 필요했다는 입장임

  (#5 시공사 내용증명)

- 항변 가능한 내용 : 최종 확정시기 2018. 10. 1로 비교적 늦으나 이는 미미한 ○○항목으로 2개월 확정이 늦어진 것일 뿐, 나머지 대부분의 항목은 이미 2018. 6. 4에 확정되어 있어서 시공준비에 차질이 없었다.

4. 기타 도움이 될 만한 사항 및 사람

- 설계 감리 P건축 ○○○ 건축사 : 시공기간 내내 주 1-2회 현장방문해서 인부들의 공사 중단, 시공사의 공사현장 이탈 현황 목격.
- 후속시공업체 사장 ○○○ : B건설의 현장 철수 후 후속 공사 견적 내는 단계부터 현장에 드나들어서 B건설의 최종 기성상태를 봤음. 사진, 자료 있을 수 있

음.

- ○○○ : 원래는 B 건설 공사할 때 현장 작업반장으로 잡무 담당. B 회사 현장 이탈 후에는 건축주에게 일당받으며 계속 잡무 담당. 우리에게 우호적. 현장 업체들 연락처 알 수 있음.

변호사와의 의사소통은 가급적
한 번에, 서면으로 주고 받는다

실제 법정에서 이루어지는 재판기일을 방청한 의뢰인들이 드라마나 영화와 가장 큰 차이라고 말하는 것은 재판부와 양측 변호사의 진술들이 매우 무미건조하고 짧다는 것이다.

그도 그럴 것이 양측의 공방은 미리 제출한 준비서면과 함께 제출한 증거 등으로 이루어지고, 막상 법정에서는 "원고는 2024. 4. 2.자 준비서면을 진술하고, 갑제11호증부터 21호증까지를 제출합니다", "피고는 2024. 4. 8.자 준비서면을 진술하고, 도착한 사실조회회신을 이익으로 원용합니다"라는 식으로 문서명 정도만 언급한다. 이를 출발점 삼아서 재판부가 추가로 궁금한 사항들을 단편적으로 양측에게 질문하고, 양측에게 향후의 입증계획(증인, 감정신청 등)을 물어보는 정도로 재판이 진행된다. 결과적으로 방청하는 제3자들은 사건의 구체적인 내용이 무엇이고, 어떤 맥락에서 저런 대화들이 진행되는 것인지를 이해하기 어려운 경우가 대부분이다.

현실적인 측면에서도 구두 변론은 휘발성이 강하고 효용이 크지 않다. 법관의 인사 이동이 2~3년 단위라서 해마다 3인 재판부 중 1~2 인이 바뀐다. 건설소송의 1심이 적어도 1~2년 소요되고, 2~3년 간 진행되는 사건도 흔한 점에서, 첫 변론기일의 재판부와 최종적으로 1심 판결을 쓰는 재판부가 될 가능성은 크지 않다. 따라서 구두변론의 상당부분은 판결문을 작성하는 재판부에게는 전혀 어필되지 않는 셈이다.

설령 인사이동이 없어서 재판부의 구성이 전혀 바뀌지 않는다고 가정하더라도, 재판부는 하루에 30건 이상의 사건을 심리하는 점에 비추어 양측의 구두 변론하는 내용을 세밀히 기억하기는 어렵다. 재판부가 재판 준비하면서 갖던 의문에 대하여 단답식의 해명이 되는 등 인상적인 상황이라면 모를까, 양측의 대리인들의 구두변론은 대부분 재판부에게 장기기억되긴 어렵다.

양측 대리인이 그 내용을 상세히 남기기를 원한다면 구두변론 말미에 "추후에 서면으로 상세히 제출하겠습니다"라고 마무리하고, 재판부 역시 중요한 주장이라면 서면으로 추가 제출할 것을 명한다.

서면만이 남는다. 재판부의 구성이 바뀌고, 심급이 바뀌어도 기록은 남고, 재판부 역시 상급심에서 자신의 판결문과 기록을 볼 것을 염두에 두므로 당사자의 서면상 주장은 간과하지 않는다.

변호사는 서면으로 주장을 펼치므로,
정확하고 구체적인 사실 관계를 알아야 한다

변호사와 서면으로 소통하여야 한다는 주제에서 법정의 얘기로 시작한 이유는 무엇일까. 변호사가 재판부를 설득하는 일은 서면으로 이루어진다. 구두변론처럼 휘발되는 형태가 아니라, 기재한 내용이 그대로 남는 방식이므로, 내용에 오류가 남으면 이는 명백히 드러난다. 추후 상대방에게 공격 대상이 되어 오류가 밝혀지면, 그동안 쌓아온 우리측 주장들의 신빙성이 전반적으로 약화되는 요인이 된다.

따라서 의뢰인과 자신의 변호사에게 과거의 사실 관계를 전달할 때는 '개략적인 흐름'이 아니라 가능한 한 육하원칙을 의식하여 정확한 사실 관계로 정리해 알려야 한다.

의뢰인들에게 사실 관계를 이러이러한 방식으로 문서로 정리해서 보내달라고 요청하면, 대부분 안 해본 일이라서 어색하고 번거롭고 큰 부담을 느낀다. 그냥 변호사 사무실에 찾아가서 말로 설명하거나, 자료에 대한 설명도 미리 문서로 써오지 않고 그날 변호사에게 직접 손가락으로 짚어가며 말로 설명하고 끝내고 싶어 한다.

변호사에게 말로 전달할 테니, 변호사가 알아서 필요한 것을 메모하여 사실 관계를 파악하면 좋겠다 싶은 것이다. 실제로 변호사 중에는 이 같은 방식으로 사실 관계를 파악하고, 의뢰인이 부담스러워하는 과제를 주지 않으려는 변호사도 없지 않다. 이것이 의뢰인 서비스 측면에서는 간편하고 친절할 수 있다. 그러나 소송 준비와 결과를 위해서는 단언컨대 매우 미흡하고 위험한 방식이다. 사실 관계 정리의 가치와 효용을 생각할 때 의뢰인의 편리함과 대체될 수 있는 일이 아니다.

정리된 사실 관계는 사건 파악의 출발점이 된다

변호사는 의뢰인이 과거에 겪은 일을 알 도리가 없다. 의사라면 환자가 오기만 하면 직접 각종 검사를 통해 환자의 상태를 알 수 있는 것과 달리 변호사의 경우 특히 사건 착수 초반에는 의뢰인이 정리해온 사건 개요에 크게 의존한다. 물론 사건 개요를 파악할 만한 다른 자료가 있다면 예외이다. 예를 들어 양측이 분쟁 초반에 내용증명을 서너 번씩 보내면서 사건 개요에 대하여 상세히 정리하고 증거도 첨부하여서 그 내용을 통해 내용을 알 수 있다거나, 2심이라서 1심 기록을 보면 사건 개요를 알 수 있는 등 의뢰인의 사건 개요를 대체할 만한 자료가 있는 경우 말이다.

그런 경우조차도 의뢰인이 거기 현출되지 않은 내용을 포함하여 사건 개요를 정리하는 것을 추천한다. 사건 개요를 정리하지 않는 것이 당장은 편할지 몰라도, 애매하고 두리뭉실하게 전달받은 사실 관계는 변호사가 뭔가 논리를 진척시키거나 사실 관계를 추가로 파악하는 등 사건 파악에 응용력이 전혀 없다.

변호사의 입장에서는 소극적인 변론이 불가피하고, 그렇지 않고 지레짐작해서 주장할 경우 오류와 부정확이 발생한다. 변호사가 제출한 서면에 담긴 오류와 부정확은 단박에 상대방에게 공격 대상이 된다. 재판부에게 우리가 주장한 사실 관계가 내용상, 시간상, 사건 선후상 오류임을 지적하여 우리측의 그동안 주장 전반에 대한 신빙성을 탄핵하는 용도로 사용된다. 우리가 스스로 정확히 사실 관계를 파악하여 주장하는 것과, 상대방의 지적으로 오류가 수정되는 것은 소송 결과에서 큰 차이를 만든다.

소송이 진행되다보면 변호사의 사건 파악이 미흡하다는 것을 느낄 것이다

의뢰인이 작성한 사건 개요 없이, 변호사가 대면회의에서 자신의 필요에 따라 메모한 사항들에 의지하여 소송을 진행하는 경우, 변호사의 메모는 그 메모 작성 당시의 필요만 충족할 뿐 이후 소송 내내의 필요를 충족시키는 자료가 되지 못한다. 즉 메모 당일에 의뢰인이 말한 내용이라도 변호사가 보기에 당시에는 소송상 쟁점이 아니어서 메모에 남겨지지 않은 사항들이 많을 수밖에 없다.

첫 회의 때에는 "원피고의 대책회의에 합의내용이 무엇인지, 동석자가 누구누구인지" 정도가 쟁점이어서 그 위주로 메모를 했으나, 추후에는 "그 대책회의 때 문서로 회의록을 만들었는지, 이 회의를 누가 소집했고, 그 회의 전후에 비슷한 회의가 몇 번 있었는지" 등이 쟁점이 되면 다시 이번 쟁점을 기준으로 당시 경위를 재구성여야 한다. 이번에도 메모라면 여전히 임시방편의 용도로만 쓰이는 것이다.

이런 방식으로는 회의가 4, 5차가 되어도 사건 파악이 충분하지 않다. 여전히 코끼리의 왼쪽 다리, 오른쪽 발바닥 식으로 국소적으로 필요한 부분만 이해하고 마는 것이다. 처음에는 편했다가도 의뢰인 스스로 이 같은 방식이 사건에 대한 전체적인 시야를 갖는데 비효율적이고 부적합하며, 변호사가 의뢰인 친화적으로 낙천적인 대응을 하는 것에 불안감을 느낄 수도 있다. 변호사가 낙천적인 것은 꼭 좋은 것이 아니다.

사실 관계는 개략적이 아니라, 당시의 통화기록이나 문자, 이메일을 확인해서라도 일의 선후를 가능한 구체적으로 확인하는 것으로 출발해야 한다. 기억이 구체적이지 않더라도 전달 과정에 더 모호해지는 것은 피해야 한다. 나 대신에 전쟁에 나서는 변호사에게는 말이 아니라 서면으로 전달해야 한다.

문서로 소통해야 하는 이유

첫째, 건설소송은 최소한 1~2년이 걸린다. 변호사 회의실에서 말로 얼핏 전달한 내용은 간단한 메모의 형태로 어렴풋이 남을 뿐이며, 세부 사항은 대부분 몇 주 내에 휘발된다. 설령 녹음해 두었다가 나중에 재생해보더라도 대화는 매우 불완전하다. 생각나는 대로 말하는 것이어서, 즉흥성이 강하고, 사안의 전말이나 경위를 육하원칙에 따라 조리있게 시간을 두고 되새기고 숙고한 사실 관계에 비하여는 모호하기 그지없다. 전달 방식으로서의 한계만이 아니라, 준비 과정 자체도 그만큼 소홀하고 부정확하다.

모호하고 어렴풋한 기억은 재판 준비에 아무런 의미가 없다. 변호사는 준비 서면에 반영하여야 하고, 그 내용이 추후에도 모순이 없어야 하므로 최대한 오류 없는 내용이 변호사의 자료로 남아야 한다. 사실 관계는 쌓아가는 것이므로 바람에 날리는 지푸라기가 아니라 벽돌로 지어야 한다. 더구나 개인변호사 사무실이 아닌 법무법인의 경우, 여러 변호사가 협업하는 경우가 있어 회의에 참석하지 않았던 변호사가 추가 투입되기도 하고, 항소심 변호사가 변경될 경우에도 필요하다.

둘째, 변호사와의 회의는 사실 관계를 녹취하기 위한 회의가 아니라, 이미 서면으로 정리된 사실 관계를 출발점 삼아 변호사의 추가 질문 및 의견을 반영하여 더욱 사실 관계를 구체화하고 대응 방향을 정하고 전진하기 위한 것이다. 변호사와의 회의시간을 녹취의 시간으로 활용할 것인지, 이미 정리된 사실 관계를 출발점으로 삼아 더 유의미한 증거나 주장을 논의하는 시간으로 삼을 것인지는 당신의 선택에 달려 있다.

셋째, 사실 관계가 정리되어 변호사, 의뢰인, 사건관계인들이 함께 공유하는 사실 관계의 수준이 동일하게 높아질수록, 이후의 소통 수준이나 내용이 깊어질 수 있다. 한 말을 또 하고 또 하며, 계속 내용이 조금씩 변하는 애매한 대화를 피할 수 있다. 주변 협력자들에게 과거 사건에 대한 증인이 되어 주길 부탁하거나, 자료를 요청하는 등 협조를 구하여야 할 때, 우선 그들의 기억력을 재생하기 위해서라도 문서로 정리된 사실 관계가 필요하고 효율적이다.

소송 초반에만 잠시 고생하자

임대차, 대여금 같이 쟁점인 간단한 사건은 모를까, 최소한 건설 사건에서는 변호사에게 서면으로 사실 관계를 전달하는 것이 반드시 필요하다. 다행히 이런 숙제는 사건 착수 초반에 집중적으로 이루어진다. 사실 관계를 충실히 정리하여 변호사에게 인수인계하는 큰 산을 넘었다면, 이후에는 상대방이 새롭게 꺼내는 사실 관계나 새로운 주장을 방어하기 위해, 부분적인 협의가 필요할 뿐이다. 의뢰인의 고생을 기준으로 한다면, 우리측 첫 서면(소장이든 답변서든, 준비서면이든)을 법원에 제출하기 이전의 고생이 50% 정도라고 생각된다. 소송 초반에만 잠시 고생하자.

나의 약점은 상대방의 강점, 반드시 변호사에게 전달한다

변호사에게 사건 경위와 증거를 전달할 때 중요한 것은 나에게 불리한 사실 관계, 증거도 반드시 변호사에게 전달해야 한다는 점이다. 나에게 불리한 내용일수록 상대방에게는 유리하고 무기가 되는 내용이다. 상대방이 변호사와 회의하면서 가장 중요한 주장으로 고려할 사항일 수 있다.

따라서 원하든 원하지 않든 나에게 불리한 내용은 반드시 소송에 현출된다. 어차피 소송에 현출될 내용이라면 우리 변호사가 그 사실 관계를 알아야 한다. 가장 해결해야 하는 내용을 뺀 대응 방향은 적절한 대응 방향이 될 수 없다.

예를 들어 보자. 추가 공사 대금이 얼마인지가 쟁점인 소송에서 건축주가 "시공사와 추가공사대금이 얼마인지를 합의한 적이 없다"라고 말하는 것과 "시공사 ○○이사와 준공 시점에 추가 공사 대금이 얼마인지 회의한 적이 있다. 그날 시공사가 추가공사 내역서를 정리해와서 회의실에서 하나하나 항목을 넣고 빼고 확인해보니 5.4억 원 공사까지는 서로 확인했다. 그날 시공사 ○○이사에게 금액 네고를 요청해서 5.2억 원까지 합의했었다. 원래는 추석까지 지급하기로 했다가, 나의 자금 사정이 어려워서 추석 직전즈음에 문자를 보내서 연말까지로 5.2억 원 지급기를 유예해달라고 문자를 보냈었다. 그러나 나중에 보니 시공사가 그때 가져온 내역서 중 가짜 공사내역이 많이 들어있는 것이 추가 확인돼서 항의했었고, 그러니 추가 공사 대금은 합의된 것이라 볼 수 없다"라는 내용은 전혀 다르다.

"합의가 없다"라는 결론은 동일하지만 그 과정은 전혀 다르다. 공사대금 지급의무자인 건축주측에서 "추가 공사 대금 5.2억 원을 연말까지 지급하겠다"라고 양해를 구한 문자는 소송상 중요한 증거가 될 수 있다. 위 증거를 토대로 5.2억 원의 추가 공사 대금 지급채무가 인정되는 판결이 나올 수도 있다. 이런 증거와 사실 관계를 모른 채 변호사가 "우리는 합의한 사실이 전혀 없다"라고만 주장하였다가 상대방의 준비서면에 이 같은 문자가 재판부에 현출된다면 우리측의 주장의 신빙성이 광범위하게 타격을 입을 수 있다.

사실 관계가 다 유리할 수는 없다. 불리해도 실제 사실이라면 이를 기초로 다른 대응 방향을 찾는 것이 타당하다. 위의 예라면 "가짜 공사내역이 포함된 것은 객관적으로 확인된 것인지, 시공사에게 항의했을 때 시공사가 이를 인정했는지, 5.2억 원 추가공사대금 합의가 무산되었다는 것은 우리측의 추측인지 상대방과 합의된 일인지" 등도 찾아볼 일이다.

그 결과 의뢰인이 겪었던 새로운 사실 관계를 알게 될 수도 있다. "추석 지나고 주변 지인이 우리 건물의 새시를 마음에 들어해서, 그 새시 대리점에 지인과 함께 갔었다가 우연히 우리 현장에 반입된 새시의 견적서를 봤다. 추가 공사 내역에서 가장 비싸서 기억을 하는데, 새시 대리점에서 보관하는 공급내역서와 제품명과 금액이 매우 달랐다.

생각해보니, 시공 전에 시공사가 2종의 견적서를 주었고 내가 저렴한 자재로 결정했는데 최종 추가 공사 내역에는 비싼 금액이 반영되어 있었다. 시공사 ○○이사에게 항의 전화하자, ○○이사가 미안하다고 했고, 다시 검토 후 재작성해서 보내겠다고 했다. 그래서 연말이 지나도록 시공사도 왜 5.2억 원을 안 보내냐고 독촉한 적이 없었다. 결국 그 항목 말고도 다른 항목까지 스스로 조정한 4.4억으로 변경한 내역서를 다시 보내왔다. 나는 그만큼도 믿을 수 없어서 증빙을 요구했고 그 단계에서 흐지부지 되다가 소장을 받은 것이다"라는 것은 전혀 다른 내용이다.

위 사실대로라면 추가 공사 대금은 4.4억 원 이상일 수는 없고,

항목 역시 그 내역서에 기재된 항목 이상일 수 없다. 오히려 5.4억 원의 문자를 토대로 추가 공사 대금을 주장하는 시공사측을 반박할 논거가 될 수 있다.

유리한지 불리한지 애매할 때에는 일단 전달한다

위 내용들도 의뢰인 입장에서는 소송상 어떤 용도로 쓰일지, 유리한지 불리한지 파악하기 어렵다. 사건에 도움이 되는지 애매하면 일단 전달해야 한다. 의뢰인과 변호사의 판단이 다를 수 있으니, 가치의 판단은 변호사에게 맡기는 것이 타당하다. 밑져야 본전 아닌가.

변호사에게 사건경위와 증거를 전달할 때, 이것이 사건에 도움이 되는지 애매하면 일단 전달해야 한다. 의뢰인과 변호사의 판단이 다를 수 있으니, 가치의 판단은 변호사에게 맡기는 것이 타당하다. 밑져야 본전 아닌가.

의뢰인이 전달하지 않으면
변호사와 재판부가 알 도리가 없다

같은 영화를 본 여러 사람에게 영화 줄거리를 얘기해 보라고 하면, 사람마다 서술하는 분량과 내용이 다를 것이다. "회사를 망하게 하려는 반대파의 음모가 있었는데, 주인공의 노력으로 이겨냈다"라는 수준으로 그저 큰 줄거리만 전달하는 사람도 있을 것이고, 그에 더하여 중간 과정에 구체적으로 어떤 위기가 있었고, 그로 인해 어느 정도까지의 상황이 되었다가, 어떤 계기와 누구의 도움과 기여로 이러이러한 방식으로 해결되었다고 시간순으로 상황을 구체적으로 묘사하는 경우도 있을 것이다.

변호사는 자신이 보지 못한 영화를 의뢰인을 통해 내용을 전달받는 것과 비슷하다. 의뢰인과 상대방 간에 과거에 있었던 일들은 의뢰인이 전하지 않는 한 변호사가 알 도리가 없다. 본인의 판단으로 의미있는 내용 및 도움이 되는지 애매한 내용까지는 일단 전달하는 것을 추천한다.

줄거리를 설명하는 외에, 당시의 사정을 아는 다른 등장인물과 그 과정에 생성된 자료들을 함께 전달하면, 그 등장인물들과의 회의를 통해, 전달된 자료를 통해 당시의 내용이 보다 구체적으로 이해될 수 있고, 유리한 상황이나 증거가 없는지를 보다 꼼꼼히 살필 수 있다.

재판부 역시 직접 보지 않은 원피고 간의 과거 일들에 관한 양측 소송대리인(변호사)의 주장, 증거를 토대로 사건을 파악하고, 시시비비를 판단하는 것이다. 의뢰인이 자기 변호사에게 사실 관계와 증거를 설명하는 것을 회피하면 이는 재판부의 판단에 반영될 방법이 없다.

사실 관계가 힘을 가지려면,
이를 뒷받침하는 증거가 필요하다

그러나, 건설실무에서 "A ⋯▸ B로의 자재변경, 시공방법 변경은 대금 증액없이 진행하겠다"라거나 "지난 주말에 이러이러한 하자가 생겼고, 이것은 시공상 하자가 맞다"라는 등 시공사가 시인하는 상황이 실제 있었더라도 현장에서 일어난 일들은 대부분 문서로 남지 않는다.

이는 관급공사나 아파트 공사 등 대형공사에서 발주자 감독관의 주재하에 시공사의 현장소장, 실무자들이 모여 정기적으로 주간 회의 등의 형태로 정기적으로 공정회의를 진행하고, 그 회의에 주요 공종 진행 상황, 자재 변경, 하자의 발생, 그에 대한 만회 대책 등을 논의하고, 그 결과를 회의록에 명시하며 회의록에 참석자 서명 날인을 받아 두는 것과는 구별된다.

아쉬운 점이기는 하나, 소규모 현장에서는 현실적으로 어쩔 수 없는 일이다. 건축주가 열심히 공정회의를 정기적으로 개최한 경우도 봤지만, 건축주가 필요한 내용을 잘 정리할 능력이 없다면 오히려 회의록에 시공사에게 면피가 되는 사항들만이 명시된 경우도 보았기에 자료가 없다는 것이 꼭 불리한 것은 아니다.

"모든 것이 말로만 이루어졌고, 아무런 증거가 남지 않았다"

의뢰인들에게 뭐라도 간접적인 증거라도 찾아봐 달라고 할 때, 의뢰인들이 가장 많이 하는 말중에 하나는 "모든 것이 말로만 이루어졌고, 아무런 증거가 남지 않았다"라는 것이다.

그러나, 양측의 합의증거가 없다고 하여, 주장만 하고 증거로 전혀 뒷받침하지 않을 것인가? 입증을 포기할 것인가? 직접증거가 없다면 간접증거, 합의사실의 증거가 없다면, 합의가 있었기에 이러이러한 행위가 있었던 것이라는 정황증거라도 제출할 것인가?

명시적인 합의서, 회의록이 있다면 이는 정황증거나 간접증거만으로 뒤집기는 어렵지만, 어차피 상대방에게 유리한 합의서나 회의록 등도 없는 상황이고, 시공기간 내내 양측이 문서로 된 합의를 한 일이 없이 그저 '구두합의'의 형식으로 다수의 합의를 해온 상황으로 이해된다면, 정황증거나 간접증거로도 합의사실의 증거가 될 수 있다.

의뢰인 스스로 변호사가 주장, 입증할 기회를 원천봉쇄하지 말자

환자와 의사관계에서는 환자는 그저 몸만 제공하면 의사가 검사 등을 주도적으로 시행하여 원인을 찾지만, 의뢰인과 변호사와의 관계에서는 특히 초반에 의뢰인이 변호사에게 정보를 제공하는지가 매우 중요하다. 그 제공된 자료와 정보를 얼마나 잘 이해하고 적극적으로 활용하는지는 변호사의 역량이지만, 제공하는 것은 의뢰인의 일이다.

가치가 애매하다면 간략히라도 서술하고, 증거는 반드시 첨부한다

소송에 도움이 될만한 것인지 가치가 불명확하더라도 일단 전달하고 변호사의 판단에 맡기는 것을 추천한다. 애매한 내용까지 자세히 쓰기가 번거롭다면 간단하게라도 서술하라. 반드시 서면으로 전달하되, 이러이러한 점에서 의미가 있지 않나 싶다는 본인의 의견이나 생각, 추정도 말미에 적으면 더욱 좋다. 말로 의사소통하는 것이 아니라 글로 정리하여 남겨둘 경우 변호사도 말로 들었다면 듣고 있었을 수 있는 것을 다시 검토하면서 추후를 대비할 수도 있다.

즉, 처음 그 사실 관계를 전달받았을 때에는 변호사가 보기에 큰 의미가 없어보였던 내용인데, 소송 중에 쟁점이 커지고 추가로 여러 사실 관계들이 현출되면서 소송 중반에 보았을 때는 같은 자료가 의미있는 증거로 평가될 수도 있다. 밑져야 본전이라는 생각을 잊지 말자.

궁금한 것은
직접 변호사에게 질문하라

건설 분쟁에서 변호사와 의뢰인의 관계는 한두 번 만나고 끝나는 관계가 아니다. 소송이라면 최소 1~2년이 걸린다. 의뢰인이 소송의 진행 상황이나 앞으로의 흐름이 궁금할 수도 있고, 변호사가 다음 변론기일을 준비하는 과정에 의뢰인에게 요청한 내용이나 자료가 잘 이해되지 못해서 상의가 필요한 경우도 있을 수 있다.

의사와의 관계로 비유한다면, 한두 번의 내원으로 끝나는 감기나 피부병이 아니라, 입원, 수술뿐 아니라 이후 추적 관찰이 필요한 암이나 만성질환과 유사하다. 현재의 상황을 물어볼 수 있는 사람, 답을 줄 수 있는 사람은 그동안의 경과를 계속 지켜본 담당의사뿐이다. 친척 중에 국내 최고의 명의가 있더라도 그가 나의 담당의사가 아니라서 지속적인 검사 결과나 치료 경과를 잘 알지 못한다면 그 명의의 조언이 담당 의사의 의견을 대체할 수 없다.

그러니, 애초에 변호사를 선임할 때도 의사소통이 원활한 관계인지를 확인해야 한다. 내 질문의 취지를 이해하는지. 그에 대한 답변이 구체적으로 답이 되고, 의사결정에 도움이 되는지를 보아야 한다.

중간에 제3자를 두고
간접적으로 의사소통하는 것은 바람직하지 않다

소송에 관한 궁금증은 의뢰인과 변호사 간에 직접 소통하여 해결할 수 있어야 한다. 당연한 것이 아니냐고? 그렇지 않다. 소송 내내 담당변호사와는 거의 소통하지 못했고, 첫 상담부터 판결문을 받을 때까지 주로 변호사 사무실의 사무장, 직원과만 소통하며 주로 궁금한 것을 물어봤다는 사람도 있다

의뢰인 스스로 이같이 간접접인 방식이 편했다면 상관없지만, 의뢰인이 변호사와의 직접 상담을 원했는데 사무장이 "일단 본인에게 얘기하면 정리해서 전달하겠다"는 식으로 직접 소통을 막는 경우라면 생각해봐야 한다.

변호사가 아닌 사무장이 상담을 하는 것은 바람직한 방식은 아니다. 변호사 수가 적었던 20여년 전까지는 그런 사무실이 꽤 있었을지 모르지만, 최소한 10년 내에서는 그런 사무실을 거의 들어

보지 못한 듯하다. 다만 지금도 여전히 변호사가 드문 지역이라거나, 교통사고, 이혼과 같이 사건의 성격상 전형적인 쟁점이 반복되는 사건을 전문적으로 처리하는 사무실이라면 비변호사인 사무장, 사무직원이 신건 상담(초동 상담)을 대신할지도 모르겠다.

그러나, 이런 예외적인 경우가 아니라면 사무장이 신건 상담을 하는 것은 드물지 않나 싶다. 혹시 사건 진행과정에서도 사무장이 의뢰인과 변호사 사이에서 창구 역할을 하고, 의뢰인과 변호사가 직접 소통하는 것이 아니라면 문제가 있다. 변론을 진행하는 변호사가 사건을 충실히 파악하려면, 의뢰인과의 사이에 질문, 답, 그 답에서도 풀리지 않는 부분에 대한 재질문과 답 등 상호간의 소통이 많이 필요하다. 상호간에 누군가가 개입해 전달하는 방식은 적절하지 않다.

몇년 전 친척 어르신이 변호사를 선임하기 위해 변호사 사무실을 방문하는 자리에 동반한 적이 있었다. 우리 로펌에도 그 분야에 전문성 있는 변호사들이 있었지만 공교롭게도 우리 로펌의 어느 변호사님이 그 상대방측을 이미 대리하고 있어서 컨플릭트로 인해 우리 사무실에서는 수행할 수 없었다. 그래서 외부 변호사 2명을 친척분께 추천했고, 그 사건이 여러 소송사건으로 복잡해서 친척분이 직접은 다른 변호사에게 설명하기 어려울 듯하여 그 상담에 의뢰인의 입장으로 함께 동반했던 것이다. 다른 변호사의 신건 상담에 의뢰인으로 참여한 것은 처음이었다.

이상하게 변호사보다 주도적인 제3자,
이를 방치하는 담당변호사

2군데 중 먼저 방문한 곳은 법원에서 부장판사로 재직하다가 최근에 개업한 여자 변호사였다. 상담에서 그 변호사가 아닌 다른 남자 변호사(알고 보니 그 여자 변호사의 배우자)가 너무 주도적이었다. 그 주도적인 태도도 거슬렸지만, 이를 방치하는 여자 변호사의 태도가 더욱 문제였다. 신뢰감이 떨어졌다. 함께 갔던 일행들 역시 모두 그 남자 변호사의 태도나 사건 개입이 방치되는 것이 마음에 안 들었다고 했다. 앞으로의 사건을 그 남자분이 계속 진행하거나 주도할 것 같아서 불안하다는 것이었다.

결국 그 날 두 번째로 방문한 다른 로펌의 변호사를 선임했다. 직접 소송을 수행할 변호사가 사건에 대하여 파악한 정도, 장래 진행에 대한 개략적인 안내 내용 등을 들으며 의뢰인의 불안감에 대한 이해가 있다고 느낀 듯하고, 무엇보다 변호사와 질문, 대답하는 과정에서 질문의 취지, 질문 뒤에 있는 본지에 대한 이해가 있다는 것에 안도한 듯했다.

의뢰인 스스로 변호사에게 질문하기가 주저된다면

변호사 쪽에서 막아서가 아니라, 의뢰인 스스로 변호사보다 비서나 사무장, 실장 등 변호사 사무실의 일반 직원에게 물어보는 것이 마음 편한 경우도 있다. 나 역시 치과나 피부과 등 병원에 갔을 때 의사 선생님께 물어보긴 잡다해서 진료가 끝나고 상담간호사에게 물어보고 싶은 것들이 있으니까.

그러나, 그래도 변호사와 소통하길 권한다. 회사의 법무담당자들은 웬만한 것은 법무법인 송무직원이 아니라 변호사에게 직접 물어본다. 아마도 회장님, 사장님께 보고하려면 누구에게 물어 답을 얻은 것인지를 확인하기 때문인지도 모르겠지만, 어쨌든 그것이 옳다.

사실 행정실무는 변호사보다 일반 직원들이 더 많이 아는 경우가 많을 수도 있다. 그래서 실제로 변호사에게 질문해도 결국 최종적으로 변호사 사무실 일반직원이 처리해줄 일인 경우도 많을 것이다. 그러나 그래도 일단 의뢰인에게 어떤 필요가 발생한 것인지, 그에 대하여 어떤 추가 조치가 이루어진 것인지를 변호사가 아는 것이 필요하다. 변호사의 판단에 따라 일반 직원에게 위임되어 이후 세부적인 실행이 진행되는 것이 적절하다. 혹시라도 만에 하나 다른 법적인 고려가 필요할 수 있고, 일반 직원의 판단에 오류가 있을 수도 있다. 만일 변호사가 알았더라면 달리 처리될 상황이었는데, 변호사의 관여 없이 의뢰인이 직원과 개인적인 소통으로만 도움을 받았다면 어떻게 하나?

변호사와의 소통을 '진짜 중요한 것만, 정말 결정적인 것만' 물어보는 어려운 관계로 여길 필요는 전혀 없다. 전문가를 선임하고서, 왜 굳이 다른 데서 물어보는가?

사건의 내용을
인수인계한다

앞서 건설전문변호사와의 상담 전에 사건경위와 자료들을 변호사에게 미리 보내는 것이 의미있는 상담을 위해 좋다고 했다. 이때 사건경위서를 작성하는 목적은 상담하는 변호사가 실력있는 변호사인지, 믿고 맡길 만한 변호사인지를 내가 알아보는 것이 주된 목적이다.

이후 변호사 수임계약을 마쳤다면, 앞으로는 변호사가 알아서 모든 일을 처리해주므로, 내가 신경쓸 일은 없는 것일까. 최소한 당분간은 그렇지 않다. 변호사 선임초기에 해야 할 가장 중요한 일은 사건의 상세한 경위와 관련 증거들을 변호사에게 전달하는 것이다. 인수인계라고 생각하면 당연하게 받아들일 수 있을 것이다.

사건의 인수인계가 필요한 이유

변호사는 법률 전문가일 뿐, 과거의 내 공사현장에서 일어난 일들을 직접 본 사람이 아니다. 그러니, 과거에 나와 상대방과의 사이에 어떤 일들이 있었는지 모른다. 그리고 일어난 일들에 대하여 어떤 흔적(증거)들이 남아 있는지도 모른다.

번거롭고 귀찮더라도 내가 전달해 주어야만 비로소 변호사가 알 수 있고, 전달하지 않으면 알 수 없다. 나를 대신하여 상대방과 공방하고, 재판부를 설득할 변호사가 내 사건을 잘 모른다면 그 내용과 이를 토대로 출발하는 여러 가지 유익한 주장은 아예 고려될 수조차 없다.

법리 구성은 구체적 사실 관계를 전제로 한다. 개별 사건의 구체적 사실 관계를 알면 알수록 적용할 법리를 찾을 수 있는 것은 당연하다. 예를 들어 "시공사가 시공 도중 현장을 떠나 공사가 중단된 지 30일째"라는 정도만 아는 것과 그 공사 중단 전에 시공사가 요구했던 구체적 내용, 시공사가 주장한 근거들이 무엇이었는지, 그 주장한 내용들이 계약상, 현장 여건상 타당했는지, 그에 대하여 발주자의 조치가 무엇인지, 그 내용이 타당했는지를 아는 것은 다르고 그 일련의 사실 관계들이 증거로 어느 정도 뒷받침되는지에 따라서도 다르다. 공사 중단의 귀책사유가 우리측에게 있는지, 상대방에게 있는지에 따라 대응 방향은 전혀 다르다.

자료의 가치를 직접 판단하지 말고, 일단 변호사에게 전달하라

의뢰인들에게 "증거가 있는지"를 물으면 대부분 증거가 없다고 말한다. 서로 수시로 협의만 했지만 문서로 받아둔 것이 없고, 말로만 오갔기 때문에 남은 것이 전혀 없다는 것이 흔한 반응이다. 그러나, 회의록이나 사실확인서, 각서, 계약서의 형식으로 남아야만 증거인 것은 아니다. 민간공사에서 이런 각 잡힌 문서가 작성되는 경우는 오히려 이례적이기 때문에 간접증거도 충분히 유용하게 사용된다.

예를 들어 회의에 동석자가 있었다든가, 동석한 것은 아니라도 회의 전후에 그 내용에 관여하게 된 사람이 있을 수 있다. 공인중개사, 계약을 소개한 지인, 설계사나 감리, 자재업자나 현장 작업반장 등. 나아가 회의 전후에 회의내용을 짐작하게 하거나, 회의를 토대로 하는 내용의 문자, 카톡, 사진, 이메일 등이 오갔을 수도 있다. 내용의 구체성 정도에 따라서는 당시의 상황이나 약정에 대해 중요한 증거가 되기도 한다.

나아가 증거의 가치 역시 의뢰인과 변호사의 판단이 다를 때도 많이 있다. 의뢰인이 보기에는 유리하다는 회의록, 각서, 녹취록, 사진인데, 변호사가 보기에는 의뢰인의 취지가 담겨있지 않거나 오히려 불리한 부분이 있을 수도 있다. 어쨌든 변호사에게 일단 전달한다.

인수인계의 핵심은 자료가 아니라, 의뢰인이 취합, 정리한 사건경위서이다

의뢰인들이 가장 어려워 하는 것은 사건의 경위를 정리하는 일이다. 변호사에게 회의실에서 개략적으로 말했으니, 이것으로 대체하거나 생략해주길 바라지만 사건을 위해서는 좋은 방법이 아니다. 자료를 보면 알 것이라고 생각하는 경우도 흔한데, 이 같은 방식으로는 매우 오류 많고, 빈틈 많은 허술한 개략적인 사실 관계만이 파악될 뿐이다.

예를 들어 시공과정에 공사 중단의 원인과 관련되어 의미있는 행위가 a, b, c, d, e. f 총 6가지였다고 가정할 때, 6가지 단계마다 문서나 증거가 남는 경우는 거의 없다. 전체 행위 중 일부인 a, d, f 등 일부 행위에만 관련된 자료가 있어서 이것만으로는 사실 관계를 파악할 수 없다. 그나마 a, d, f에 관한 자료조차 오류가 있는 경우가 대부분이다.

예를 들어, a는 계약서, d는 상대방인 시공사가 추가 공사대금을 청구하는 문자나 내용증명, f는 시공 현장에 시공사의 하수급인들이 유치권을 행사 중인 사진인 경우 등이다. a 관련된 계약서는 중립적인 근거일 뿐, 설명이 없으면 계약서의 어느 조항의 어느 표현에 관하여 분쟁이 있었는지를 알 수 없다. d 내용증명 역시 상대방의 당시 주장 내용을 보여주는 자료일 뿐, 그 내용이 모두 사실이라는 점까지 인정하는 것인지, 그 내용증명을 받고 의뢰인은 어떤 조치를 취했는지 등 전체적인 흐름은 전혀 알 수 없다. 아무런 조치를 취하지 않았을 수도 있고, 반박내용증명을 보냈을 수도 있고, 전화로만 항의했을 수도 있다. 그 결과 추가공사대금에 대하여 협의를 했는지, 협의결과 결렬되었는지, 구두 합의하고 일단은 공사재개를 하였었는데 이후에 다시 파기된 것인지 등 d 행위 당시의 일들을 알 수 없다. f 역시 현장에 시공사의 하수급인이 유치권을 행사하는 사진이 이 사건에서 어떤 의미인지, 하수급인의 유치권행사가 시공사의 공사중단의 원인이라는 취지인지, 시공사가 무단으로 공사 중단한 후 시공사의 하수급인이 유치권을 행사하여 의뢰인은 다른 시공사를 투입해서 완성하는 것이 불가능했다는 취지인지, 유치권을 소멸시키기 위해 하수급인에게 하도급대금을 대신 지급했다는 취지인지 등등…. 불완전한 자료만으로는 현장의 사실 관계를 구체화할 수 없다.

직접 실제 사실 관계를 정리하다보면 알겠지만, 여러 관계자들에게 전화로 확인도 해보고, 이메일, 문자도 찾아가면서 기억을 더듬어가야만 사실 관계가 정리될 수 있다. 그 관계자들을 알고, 이

메일 및 문자가 오간 사실을 아는 사람이 작성해야만 사실 관계는
충실해질 수 있다.

사실 관계에 대한 구체화 없이,
그저 알아서 하는 변호사를 정말 원하는가?

실제로 변호사를 선임한 이후 소송이 끝날 때까지 변호사 사무
실에서 별로 물어보는 것도, 자료를 달라는 것도 없이 소송이 진행
되고 끝났다는 사람들도 가끔 볼 수 있다.

그러나 그런 경험을 말하는 대부분의 사람들은 그 점이 불안하
고 과정이 불만족스러웠다는 취지이다. 사건이 어떻게 돌아가는
지, 상대방이 무슨 주장을 하고, 우리는 무슨 반박을 하는지, 재판
부가 어떤 질문을 했는지 등을 전혀 알지 못하는 것은 바람직하지
않다.

사건 진행을 위해 바람직한 변호사와 의뢰인 관계는, 의뢰인과
변호사 간에 쌍방향 소통이 있는 관계여야 한다. 변호사가 주도하
고 대부분의 일을 처리하지만, 의뢰인 역시 자신만이 아닌 소송수
임 전까지의 사실 관계와 자료를 충실히 인수인계하는 자기 몫을
해야 한다.

인수인계로 비로소 자유로워질 수 있다

의뢰인이 변호사를 지원해야 하는 전체 업무를 100이라고 본다면, 초반 1~2달의 작업이 70% 이상이고, 나머지는 소송 중에 돌발 변수가 생길 때 간헐적으로 필요해진다. 예를 들어 상대방이 새로운 사실 관계를 주장하거나, 새로운 문서, 증인 등을 내세우는 경우 등이다.

비전문가인 후임자나 지인에게만 인수인계해도 홀가분해지는데, 전문가인 변호사에게 사건을 제대로 인수인계하면 오죽 후련할까. 인수인계 단계의 숙제만 잘 마친다면, 소송이 진행되어도 마음 힘들지 않게 지켜볼 수 있을 것이다.

가족, 지인, 직원 등
조력자의 도움이 매우 유용하다

백지장도 맞들면 낫다는 말이 있는데, 소송 보조 업무에 관하여는 정말 그렇다. 한 명보다는 두 명이, 두 명보다는 세 명이 낫다.

앞서 설명한 대로 변호사를 선임하더라도 여전히 의뢰인이 반드시 협력해야 할 일이 있고 이를 편의상 소송 보조 업무라고 하겠다. 소송 보조 업무의 60% 이상은 소송 초반에 변호사가 사건을 이해할 수 있도록 사건에 관한 경위를 정리하고, 증거자료를 취합하여 인수인계하는 일이 이지만, 이후 소송이 진행되는 과정에 상대방이 새로운 증거나 주장을 내놓을 때 새로운 증거나 사실 관계를 반박하기 위해 국소적이지만 해당 쟁점에 대하여는 비슷한 일을 해야 한다.

이런 소송 보조 업무가 그리 엄청난 지식이 필요한 일은 아니지만, 동시에 누구에게나 가능한 일도 전혀 아니다. 번거로운 일이기도 하고, 아무리 머리를 짜내도 아무런 아이디어가 떠오르지 않는 사람도 있다. 만일 내가 사건의 당사자이긴 하더라도 뭔가 사실 관계를 꼼꼼히 기억해내서 문서로 적고, 증거가 없을지 이것저것 궁리해서 찾아보고 하는 일이 생각만 해도 머리가 지끈지끈하다면 혼자 하기를 포기하라. 고생은 고생대로 하고 아무런 소득이 없어서 결과물이 미약한 경우가 많다.

그러나 그래도 문제는 없다. 누군가의 도움을 받으면 된다. 가족도 좋고, 지인도 좋고, 직원도 좋다. 번거로운 일이고 당분간은 자주 부탁해야 하므로, 아르바이트처럼 대가를 주고 부탁하면 된다. 자녀가 바쁘다면 친구의 딸, 아들, 직원에게 부탁해 보라. 변호사 사무실에도 함께 와서 변호사와 의뢰인 간의 대화를 같이 듣고, 뭐가 소송에 도움이 되고 필요한 것인지를 그 지인이 스스로 이해하고, 궁금한 것을 직접 질문하는 것이 가장 좋다.

여럿이 오는 경우에 그 중 누가 소송보조에 도움이 될 만한 사람인지는 몇 번만 회의해 보면 어렵지 않게 알아볼 수 있다. 자료 정리에 능숙한 사람도 있고, "이런 자료는 어떨까요. 이런 일도 있었는데 이런 것도 도움이 될까요. 그 일은 A가 알아보면 연락처를 알 것 같아요. 이러 이러한 문서도 증거가 되나요" 등으로 증거를 찾거나 유리한 정황을 찾는 일에 센스가 있는 사람도 있다.

소송 보조 업무에 능숙한 사람이 따로 있다

그렇다면 소송 보조 업무를 도울 사람을 찾는다면 어떤 사람이 좋을까. 아래 조건을 떠올려 본다면 주변에 떠오르는 사람이 있을지 모르겠다.

첫째, 컴퓨터로 한글 문서를 작성할 수 있는 정도의 컴퓨터 능력이 필요하고, 둘째, 문자, 이메일, 카톡, 계약서, 사진 등 과거의 당사자 간 의사소통이 남아 있을 만한 출처를 따라 자료를 모아 시간순으로 정리하는 집요함이 필요하고, 사실 관계를 시간순으로 일지처럼 차분히 사건 경위로 적어낼 수 있어야 한다. 셋째, 증거나 자료를 찾는 센스가 있으면 더더욱 좋다. 실제로 상담을 하다보면, 직접 겪은 사람은 의뢰인인데 함께 온 지인이 주변에서 곁눈질로 파악한 내용으로 그 사건의 내용을 더 풍부하고 분명하게 설명하거나, 사건에 도움이 될만한 실질적인 정보를 제공하는 경우가 흔히 있다.

이런 실무능력은 사회경험이 많다고, 회사에서 직급이 높다고, 학력 수준이 높다고 높아지는 아니다. 오히려 실무 서류작성에서 손을 뗀 지 오래된 상무님, 이사님보다는 오히려 매일 문서를 만드는 2~30대 대리, 과장이 나을 때가 많다. 복잡한 판단이 필요한 것이 아니고, 있었던 사실 관계를 사실 그대로 나열하여 정리하는 것이므로 오랜 사회 경험보다는 실무감각이 훨씬 더 의미있다.

종합병원의 여러 종사자 중에서 가장 소송 보조 업무에 적합했던 직군은 누구일까?

몇년 전에 2개의 종합병원을 대리하여 내부 전산시스템 구축 관련 소송을 진행한 적이 있다. 2건의 소송 내용이 매우 비슷했는데, 개발회사에서 구축한 시스템의 낮은 완성도, 하자 등이 문제된 사건이었다.

전산시스템 개발 용역의 특성상 그 병원 내의 모든 부서가 자신의 업무를 위해 사용할 전산시스템을 구축하는 것이어서, 개발회사가 병원의 각 진료과의 의사, 간호사, 원무부서, 전산부서 등 병원 내의 모든 조직과 의사소통하며 그들의 필요나 업무 흐름을 개발에 반영하고, 단계별로 피드백을 주고 받아야 했다. 그 결과 개발사의 부실한 개발 현황에 관하여도 각 부서들이 각자 자기 분야에 관하여 목격한 상태였다.

이에 소송을 위해 각 부서에게 개발회사의 이행부실에 관한 경험과 증거를 취합해달라고 요청했을 때, 결과물이 가장 많이 도움이 되었던 부서는 압도적으로 간호부서였다. 2개의 종합병원에서 모두 그랬다.

변호사가 요청하는 내용을 이해하고, 필요한 사실 관계와 자료를 가장 잘 취합했다. 전산분야의 지식이라면 전산팀이, 이해력이라면 의사들, 회계나 행정 능력이라면 원무과나 재무팀이 더 좋을 수 있겠지만, 어쨌든 간호팀이 압도적이었다. 생각해 보니 건설사건이나 행정사건에서도 병원 관련 사건일 경우 간호사들의 소송 보조능력이 가장 탁월했다.

추측으로는 간호 업무의 성격상 (환자를) 관찰하고, 관찰한 내용을 다른 누군가-주로 의사, 환자가족-에게 보고하거나 전달하는 일이 업무라서가 아닐까 싶다. 뭔가를 전달할 때 상대방이 이를 기초로 의사결정할 수 있을 정도로 객관적으로, 예를 들어 숫자나 가시적인 표현으로 보고하는 일에 익숙하고, 그 근거를 뒷받침할 만한 자료로 어떤 것이 있는지에 대한 아이디어도 좋았다. 간호사들은 자기 선에서 해결하기 어렵더라도, 다른 누구에게 물어보면 알 가능성이 있는지를 찾는 일에 적극적이었고, 목적에 충실한 답을 주었다.

소송 보조 업무자에게 필요한 능력의 예시로 도움이 되면 좋겠다. 맡겨진 일에 적극적이고, 아이디어가 많으면 되고, 컴퓨터 활용은 한글 문서 작성 정도면 된다.

공사 과정에 관여했던 사람의 도움은 필수적이다

시공사를 대리하는 소송에서는, 공사 당시의 현장소장님이나 공무과장 등 핵심 실무자들이 모두 퇴직한 경우를 종종 본다. 현장에서 발주자나 현장 상황 때문에 골치 아픈 문제가 생겼거나 적자가 난 경우에는 현장 담당자들이 고생은 고생대로 하다가 좋지 않은 모양새로 회사를 그만두는 경우가 흔히 있다.

이런 경우 공사 당시의 사정을 전혀 모르는 후임자들이 알지도 못하는 사건의 담당자가 되어, 사건경위를 정리하고 자료도 수집하려니 구체적인 내용이 없다. 자료라는 것이 대부분 문서가 아니므로 사람이 중요한데, 사람이 떠나고 없으니 사실 관계 파악도 증거 확보도 어려운 것이다.

문제는 양측에게 깜깜이 소송이 아니라, 우리측에게만 깜깜한 소송이라는 점이다. 상대방은 시공 당시 담당자가 소송을 진행하고, 우리측만 사실 관계를 모르면 상대방의 주장이나 증거에 대하여 반박할 방법이 없고, 무기력할 수밖에 없다.

이런 경우 어떻게 해서라도 시공 과정에 실제 관여한 사람의 도움을 받아야 한다. 비록 회사에서 좋지 않게 퇴사한 직원이라고 하더라도 개인적으로 가까운 동료직원들과는 연락하게 마련이다. 간단히 1~2시간을 돕는 일이 아니고, 생업이 있는 사람이 자신도 자료를 찾아보고 회의에 참석하는 등 시간과 노력을 들여야 하는 일이니 만큼 아르바이트 비용으로라도 그 대가를 지급해야 하고, 서운했던 마음에 대한 인간적인 위로나 정중한 부탁도 필요하다.

퇴직자가 근무했던 회사에 감정이 나쁠 수 있겠지만, 상대방에게는 더 나쁜 감정이 있는 것이 대부분이다. 명예회복의 차원에서라도 소송에 관한 한 아군일 수 있는 관계이다. 내 경험상으로는 퇴직자에게 요청했을 때, 거의 모든 퇴직자가 도움을 주었고, 당시 근무하던 현장직원이 소송에 관여하기 시작하면 사실 관계나 자료의 확보의 수준은 완전히 달라진다. 천군만마를 얻는 것이다.

참고로 퇴직자는 당시의 사실 관계를 직접 경험한 사람이라는 점에서 양측 변호사 모두 소송 중에 증인으로 부르고 싶은 지위이다. 퇴직자가 우리 회사에서 불미스럽게 퇴사한 점을 악용하여 오히려 상대방이 퇴직자에게 접근하거나 자기측에게 유리한 증인으로 소환하기도 한다. 이런 점을 미연에 방지하기 위해서라도 미리 퇴직자를 우리의 아군으로 만들 필요가 있다. 양측이 모두 도움을 요청하면 아예 연락을 차단하는 경우도 있으니, 사실 관계나 자료를 확보해두는 차원에서라도 조기에 도움을 받는 것이 좋다.

누가 적합한지 모를 때는
다 같이 변호사 회의에 참석하는 것도 좋다

　사건 관계자들이 여럿 참석하는 회의를 하다보면, 누가 당시 사실 관계를 꼼꼼히 기억하는지, 증거 확보의 아이디어가 있는지, 쟁점을 잘 이해하는지 등을 금방 알아볼 수 있다. 그러니 만일 누가 적합한지 잘 모르겠거든 모두 함께 변호사 사무실에 방문하는 것도 한 방법이다.

변호사가 요청한 숙제를 마쳤다면
일상에 복귀한다

좋은 변호사를 찾아 변호사 선임계약을 마쳤고, 선임 후 변호사에게 사실 관계를 적은 사건경위서, 증거자료들을 잘 인수인계하였다면 이제는 변호사가 할 일이 남았을 뿐이다. 물론 이후로도 소송기간 동안 소송수행을 위해 변호사 사무실의 요청에 따라 해야 할 일들이 있긴 하지만, 이것은 일상복귀를 못할 정도의 분량이 전혀 아니다. 몇달 후일 수도 있고, 끝까지 없을 수도 있다. 그 숙제의 분량 역시 며칠 신경 쓰면 되는 정도를 넘지 않는다. 일단은 일상에 복귀하라.

**변호사 선임 후 첫 번째 서면이 나갈 때까지의 기간이
광의의 인수인계 기간이다**

변호사 선임 후 우리측 입장을 담은 첫 번째 서면이 나갈 때까지가 인수인계 과정이라고 볼 수 있다. 우리측 입장을 담은 서면이란 무엇일까? 소 제기를 위해 변호사를 선임한 것이라면 소장이겠고, 상대방에게 소 제기를 당하여 변호사를 선임한 것이라면 답변서일 것이다. 이미 소송 진행 중에 변호사를 선임한 것이라면 주장 서면은 준비서면이라는 이름으로 제출된다. 소송까지 진행된 것이 아니라면, 상대방에게 내용증명을 보내는 형식일 수도 있다.

어떤 형식이든 우리측 첫 번째 서면 내용과 수위를 정하려면, 전체적인 사건 파악이 필요하므로 첫 번째 서면을 준비하는 과정이 전체적인 인수인계 과정이라고 볼 수 있다. 일단 첫 서면이 나갔다면 이후로는 상대방의 반응에 따라, 그 내용과 속도에 따라 대응할 수밖에 없다.

상대방의 반응 속도와 내용은 내가 정할 수 없다

우리가 우리측 주장 서면을 보냈을 때, 상대방의 반응 여부, 반응 속도와 내용은 미리 예상할 수 없다. 의도적으로든 아니든 상대방이 등기우편물 자체를 송달받지 않는 경우도 있고, 우편물은 송달되었으나 가타부타 아무런 답변이 없는 경우도 있다. 답변을 한다고 하더라도 그 답변 시기가 하루만일지, 1주 후일지, 1달 후일지, 수개월 후일지는 우리가 정할 수 없다.

답변의 내용 역시 그렇다. 자기의 책임 일체를 부인하는 경우도 있고, 보다 적극적으로 우리에게 손해배상이나 추가대금을 청구할 수도 있다. 의외로 우리측의 요구나 주장을 대부분 수용하여 쟁점이 대폭 줄어드는 경우도 드물지만 있다.

의뢰인 중에는 우리측 주장 서면을 발송한 다음날부터 "왜 상대방이 답을 하지 않는지, 언제쯤 답을 할지, 어떻게 답을 할지" 등을 노심초사 하루하루 불안해하며 걱정하는 경우가 있다. 답답한 마음은 이해하지만, 이는 전혀 불필요하고 사건 진행에 아무런 도움이 되지 않는다. 낭비되는 시간일 뿐이다.

사건을 이기고 싶다면, 상대방의 구체적 반응이 나온 후에 우리측 다음 대응을 준비할 때 그때 시간과 마음을 쓰도록 시간과 멘탈을 관리해야 한다.

분쟁이 시작되었다면 장기간 불확실한 상태를 받아들여야 한다

분쟁이 시작되었다면, 장기간 불확실한 상태를 받아들여야 한다. 건설분쟁만이 아니라 대부분의 분쟁이 그렇다. 뉴스에서 사회적 이목을 끄는 사건의 판결 선고 소식들이 보도되는 것을 보면, 수년 전의 사건인데 이제서야 판결이 선고되었구나 싶을 때가 흔히 있을 것이다.

소송의 기간은 내 의지대로 단축시킬 수 없다

소송은 더더욱 내 의지대로 기간을 단축할 수 없다. 양측에게 충분한 주장 및 입증의 기회를 주는 것은 공정한 재판을 받을 권리가 헌법상 기본권인 것에 기인한다. 이런 이유로 한쪽이 아무리 신속한 판결을 원해도 상대방이 아직 주장, 입증할 것이 있다고 주장하면 상당한 기간 동안 재판이 더 진행될 수 있다. 빠른 종결을 원했다가도 막상 상대방이 추가로 제출하는 주장이나 증거를 보면, 우리측도 매번 새롭게 반박할 필요성이 생기므로, 이런저런 이유로 재판은 생각보다 길어지게 된다.

양 당사자 외에 재판부의 사유로 재판 기간이 길어질 수도 있다. 판단의 주체인 재판부가 사건 쟁점에 대하여 우리측에게 불리한 심증을 가지고 있거나, 아직 충분한 확신이 없다는 취지로 질문을 할 경우, 쟁점에 대하여 주장과 증거를 보강하느라 소송 기간이 길어지기도 한다.

이 같은 이유로 1심 소송기간은 평균적으로 1년 이상이 소요된다. 그 밖에 매년 2월에 있는 법관 정기인사 기간에 맞물리면 재판이 불가피하게 몇 달 더 길어진다. 법원, 검찰 모두 2월에 정기인사가 있고, 전국 판검사들이 2~3년 단위로 이동하므로 3인으로 구성되는 민사합의부는 매해 구성원이 1~2인이 변경되는 꼴이니, 자기 사건의 주심판사와 재판장 중 1명 이상이 바뀔 확률이 크다는 의미이다.

재판부 구성이 변경되면, 수십 건 이상의 사건을 새로 파악하는 데 소요되는 시간이 있으므로 통상 2월을 넘기면 3~4월에는 판결선고가 어렵고 평균 3~6개월 정도는 추가로 재판 기간이 길어지는 듯하다.

노심초사하면서 보내기엔 너무도 긴 시간이다

설령 1심 판결이 선고되어도 보통 패소자측이 불복하여 항소, 상고하므로 1심으로 끝날 것을 장담할 수 없다. 이처럼 소송은 내의도대로 기간을 단축하기 어려운 많은 변수들이 있다.

그러니 변호사를 선임하고, 사건을 충실히 인수인계하였다면 그 다음에는 일단 일상으로 복귀하기를 권한다. 전문가인 변호사에게 맡겼다면, 그에 대한 염려와 걱정도 모두 변호사에게 맡기고 일상에 복귀하면 된다. 의뢰인의 협조가 필요하다면 변호사 사무실에서 알아서 연락할 것이니 잊고 지내도 된다. 노심초사하며 보내기엔 소송 기간은 너무도 길 뿐 아니라 무엇보다 의뢰인의 염려가 사건에 도움이 되는 점도 전혀 없다.

대부분의 의뢰인들이 멘탈을 잘 관리하시지만, 일부는 소송 기간 내내 전전긍긍하기도 한다. 몇 개월만에 만났을 때 초주검이 된 상태로 지쳐있는 의뢰인도 있다. 시공사나 공공기관이 의뢰인인 경우에는 거의 없으나, 개인이나 개인사업체를 운영하시는 분으로서 평생 법적 분쟁을 겪어본 적이 없이 선량하게 사신 분들 중에 가끔 그런 분들이 있다.

우연인지 그런 분들은 대부분 변호사가 요청하는 숙제는 잘 해오지 않는 분들이 많다. 매번 말로 하소연만 가득하고, 소송 내용에 반영할 만한 구체적인 사실 관계나 증거는 별로 없는 경우가 대부분이다. 시험 걱정만 하고 시험공부를 하지 않으면 성적이 나올 수가 없다. 변호사의 숙제는 열심히 하고, 숙제를 냈으면 일상에 복귀하는 패턴을 잘 찾으시라 권고한다.

몇년 후 소송에 승소한다고 한들 그 소송 기간 동안을 노심초사한 시간들은 어떻게 보상받겠는가. 분쟁 외에 시간과 건강을 잃지 않도록, 억울한 피해를 막겠다는 차원에서라도 멘탈을 관리하고 일상으로 온전히 복귀하기 위해 적극적으로 노력해야 한다.

동일한 말을 동일하게 반복하며 하소연, 푸념하는 것은 독이다

형사소송에서 변호사의 호칭은 '변호인'이고, 민사소송에서 변호사의 호칭은 '소송대리인'이다. '대리'란 본인을 대신하여 본인에게 필요한 주장, 입증을 하여 상대방과 다투고, 재판부를 설득하는 일이다. 민사소송에서 소송대리인을 선임하면 본인은 출석하지 않아도 되고, 대리인이 대신 변론을 하는 것이다. '대리'는 업무의 본질상 '본인'에게 일어난 일을 출발점으로 삼는 것이니, '본인'이 갖고 있는 사건 정보를 '대리인'에게 얼마나 알리는지는 너무도 중요하다.

본인과 대리인 간의 정보 수준이 비슷해질수록, 대리인이 본인에게 유리한 사실 관계나 법리를 누락됨 없이 재판에 반영할 수 있고, 불리한 사실 관계나 법리에 대비하여 전략을 짜는 것이 가능하다. 그러니 대리인과 본인 간의 의사소통, 팀워크는 너무도 중요한 일이다.

변호사와 의뢰인 간의 의사소통은 진전이 있어야 한다

　어떤 변호사가 1년째 진행 중인 소송사건이 20건이라고 가정해 보자. 그 변호사에게 20건의 내용이 비슷한 수준으로 세밀하거나 구체적으로 이해되는 것은 아니다. 변호사가 각 사건에 투입한 에너지와 시간, 즉 자료 검토, 법리 연구, 의뢰인과의 회의 또는 통화의 분량이 비슷하다고 해도 사건에 대한 이해가 깊어지는 정도가 전혀 다르다. 의뢰인과의 주고받는 소통, 검토 결과 공유를 통해 계속적으로 사실 관계나 내용이 점점 구체화되는 사건이 있는 반면, 어떤 사건은 아무리 공을 들여도 여전히 사실 관계가 구체화되지 않고 모호한 안갯속인 사건도 있다.

　변호사의 입장에서 볼 때, 의뢰인에게 사실 관계 설명 및 자료를 요청했다가 숙제를 받았을 때, 그 숙제 내용이 당초 요청했던 쟁점과 무관한 경우는 매우 흔하다. 그리고 이것은 별로 문제 되지 않는다. 대부분의 의뢰인에게 소송은 평생 처음이거나 몇 번 겪어 보지 않은 일이니, 변호사가 요청하는 취지가 무엇인지, 무엇을 어떻게 채워야 도움이 되는지를 제대로 이해하기 어려운 것은 당연하고도 자연스럽기 때문이다. 숙제한 내용이 변호사가 질문한 취지와 무관하다거나 영양가가 없어도 문제되지 않는다. 최소한 초반에는….

그저 내가 숙제한 내용이 왜 영양가 없는지, 내가 쓸까 말까 고민한 내용 중 어떤 것들이 유익한지 등에 대하여 변호사의 피드백을 받으면서, 조금씩 주파수를 맞추고 의사소통의 방법을 익혀가며 약간씩 나아진다면 그것으로 충분하다.

시행착오를 거치다 보면 점점 변호사의 요청에 대한 이해력이 높아지고, "내가 아는 것, 갖고 있는 것이 없으니 자료가 없다"에서, "나는 모르지만, A를 통해 알아보고, B가 혹시 문자나 사진이 있는지"를 알아보는 적극성, "딱히 문서로 남긴 것이 없어 증거가 없다"에서 "문서로 서명하여 합의한 것은 없지만, 합의했기에 가능한 후속 행위들, 문자들, 대화들"이라도 변호사에게 전달하는 감각이 생긴다. 변호사에게 유용한 것은 변호사가 판단할 것이니, 일단 자체 필터링하지말고 도움이 될 수도 있겠다 싶은 것을 전달할 수 있다면 훌륭하다.

그 결과 소송 막바지쯤에는 손발이 잘 맞는 한 팀이 된다. 사건 내용에 대한 이해가 높아지고, 점점 사실 관계가 구체화되면서 디테일이 있는 입체감 있는 사건 이해가 가능해진다.

변호사에게만 사건이 입체화되는 것이 아니다

변호사에게만 사건이 입체화되는 것이 아니다. 자기 일이라도 의뢰인 역시 사건 초반에는 안갯속에 있는 듯한 막막한 상태라서 사건 파악이 되어 있다고 볼 수 없다. 소송을 진행하며, 사실 관계와 자료 전달을 위한 의사소통을 하면서, 점점 사건에 대한 이해도가 높아지고 오리무중의 안개가 걷히고 막연한 두려움이 구체적이고 가시적인 작은 쟁점들로 변하는 것을 경험한다. 문제가 작아지는 것이 정상적인 과정이고 팀워크이다. 최종 소송결과야 어느 변호사도 장담할 수 없지만, 예측가능성과 리스크의 범위, 확률을 아는 것만으로도 일상생활의 복귀와 멘탈 관리에 큰 도움이 된다.

변호사와의 의사소통을 하소연과 푸념으로 채우면, 변호사가 줄 수 있는 것은 공감이 상한이다

반면 소송이 진행되고 의사소통의 횟수가 늘어도 사건의 내용이 구체적이고 입체적으로 잘 잡히지 않는 사건도 있다. 소송이 낯설어서 협조가 미숙한 것과 구별되게 애초에 변호사에게 심화된 사실 관계를 전달하는 것에 큰 비중을 두지 않는 경우이다.

회의든 전화든 의사소통의 주된 내용이 하소연과 푸념에 그치면 변호사에게 얻을 수 있는 것은 정서적인 공감 이상이기 어렵다. 변호사에게 전문성이나 법률 지식으로 도움을 받아야지, '정서적 공감'을 얻는 것에만 그치는 것은 안타깝지 않은가. 변호사, 의사의 조력은 일차적으로 '과정과 결과를 바꾸고 개선하는 것'이어야 한다. 이 같은 전문적인 도움을 얻으려면 그에 필요한 협조를 한다.

사실 관계 전달의 형식을 띈
반복된 하소연, 푸념의 폐해

팩트나 사실 관계를 전달하는 형식인데, '변호사'가 요구하는 내용과 질문에 개의치 않고, '자신'이 전달하고 싶은 내용을 거듭 반복하는 유형 중에는 일종의 하소연과 푸념으로 느껴지는 것도 있다.

사건을 장기간 진행하다 보면, 여러 번 같은 내용을 반복하는 경우가 매우 흔하다. 여기서 말하는 것은 그 정도를 넘어서서 이미 변호사에게 충분히 전달하여 소통한 내용이라서 다시 언급할 이유가 없음에도 불구하고, 아랑곳하지 않고 본인에게 억울하거나 크게 느껴지는 내용을 여러 번 반복하는 것이다.

이 같은 유형을 크게 분류하면 2가지인데, 첫째 유형은 변호사에게 전달하였고, 변호사가 유의미하다고 판단하여 이미 준비서면에 반영까지 하였기에 굳이 다시 같은 내용을 반복할 필요가 없음에도 불구하고 본인에게 주관적으로 크게 느껴져 계속 동일한 내용을 반복, 강조하는 경우이다. 이는 결과적으로는 하소연의 차원에 불과하여 실질적인 가치, 영양가는 거의 없다.

두 번째는 변호사에게 그 내용을 전달하여 변호사가 충분히 숙지하였지만, 준비서면에 반영하기에 불리한 요소가 많다고 판단하여 반영하지 않기로 결정한 부분을 반복적으로 전달하는 경우이다. 어느 부분이 왜 불리한지를 의뢰인에게 자세히 설명하였는데도 불구하고, 새로운 쟁점이 나올 때마다, 사건이 불리해지는 것 같을 때마다 같은 쟁점을 호소하는 경우이다.

의뢰인이 유익, 유리하다고 생각하는 사실 관계나 증거인데, 변호사가 법률전문가로서 보기에는 무익한 경우도 있고, 이를 넘어서서 오히려 유해하게 해석될 만한 부분이 함께 있는 사실 관계나 증거도 있다. 후자(유해한 경우)에는 변호사로서는 의뢰인에게 이 같은 취지를 전달하고, 그 쟁점은 굳이 재판에 드러내지 말자고 권유한다.

그럼에도 불구하고 한 달 후, 두 달 후, 몇 달 후 새로운 쟁점에 대하여 답변이 필요할 때마다 또 다시 반복해서 같은 내용을 주장하는 경우가 있다. 법적으로 불리할 수 있다는 똑같은 설명을 반복하며 느끼는 것은 '불리한 부분이 더 많음을 머리로는 이해함에도 불구하고, 유리한 부분을 버려야 하는 상황이 정서적으로 설득되지 않는 상태'가 아닌가 싶다.

이런 반복적인 주장 역시 일종의 '하소연과 푸념'의 일종이다. 차라리 하소연과 푸념은 변호사가 재주껏 줄이기 좋은데, 구체적으로 자료와 복잡한 사실 관계를 동반하는 이런 주장들은 상당한 시간을 들이고 검토해야 하고, 설득에도 시간이 드는 등 에너지 소모가 더욱 심하다.

이렇게 반복적으로 같은 이슈로 변호사의 시간과 에너지를 소진하면, 많은 변호사들이 의뢰인이 원하는 대로 주장해주는 선택을 한다. 변호사가 소비하는 시간과 에너지도 줄고, 의뢰인도 원하니 '편하고도 친절한 결정'인 것일까.

하소연과 푸념, 반복은 의뢰인에게 독이 된다

변호사와의 의사소통을 제자리걸음을 하는 식으로 소비해서는 안 되며, 사건의 내용에 대하여 점점 이해가 깊어지는 한 팀이어야 한다. 변호사에게 의뢰인과의 의사소통은 사건파악을 위한 가장 중요한 도구이며, 의뢰인 역시 변호사와의 의사소통을 통해 자기 사건과 상황을 객관적으로 이해할 수 있다.

사건에 대한 두려움은 하소연과 푸념으로 없어지는 것이 아니다. 사건에 대한 이해를 높이고 안개를 걷어내는 한 걸음 한 걸음이 필요하다.

일상에 복귀한 이후의
의사소통

일상에 복귀한 이후에 대하여도 궁금한 점이 많을 것이다. 그냥 잊고 지내도 되는 것인가, 아니면 주기적으로 변호사 사무실에 연락을 해봐야 하는 것인가. 변호사 사무실에서 추가적으로 자료나 협조를 요청하는 것은 언제쯤이고, 어느 정도 시간을 할애해야 하는 일일까?

소송 중 나의 사건이 어떻게 진행 중인지, 앞으로 어떻게 진행될 것인지 그 경과가 궁금할 때는 언제 어떤 방식으로 소통하는 것이 좋을까? 변호사 사무실마다 의사소통 방식이 다르므로 일률적으로 말할 수는 없지만. 주관적인 경험을 토대로, 대략적인 기준을 살펴본다.

변호사 사무실 쪽에서
먼저 연락해 오는 것이 일반적이다

소송 중인 사건에 대하여 변호사를 선임하여 소송위임장이 법원에 제출되면, 그 동안 원피고 당사자에게 송달되던 문서들이 앞으로는 소송대리인에게 송달된다. 법원으로부터 소송 관련 문서들-상대방이 제출한 준비서면, 변론기일 통지서 등-이 송달되면 보통 변호사 사무실에서 의뢰인에게 그 서면을 전달한다. 서비스 차원도 있지만 더 중요한 것은 상대방 준비 서면 내용에 대하여 의뢰인의 의견을 구하는 것이다. 우리측 준비 서면을 작성할 때 도움이 될 만한 사실 관계나 자료가 있으면 전해달라는 취지로서, 보통은 언제까지 달라고 기한도 함께 전한다.

변호사가 스스로 보고 혼자 반박하지 않고 군이 의뢰인에게 번거롭게 숙제를 내주는 이유는 무엇일까. 상대방의 준비 서면과 첨부 증거들을 변호사가 보았을 때와 의뢰인이 함께 보았을 때의 시야가 다르다. 의뢰인만이 아는 사실 관계가 있기 때문이다. 새로운 쟁점과 내용이 등장하였을 때 그에 대하여 우리에게 어떤 유리한 사실 관계와 증거들이 있는지는 의뢰인의 도움이 없이는 알 수 없다.

예를 들어 상대방 준비 서면에서 처음으로 "원피고가 추가공사대금 지급에 관하여 합의서를 문서로 작성한 적은 없지만, 추가 공사대금 금액을 구두로 약속받았고, 당시 동석한 A가 있다"라면서 A의 진술서를 첨부하였다면, 상대방이 처음 언급한 구두 합의가 사실인지, 사실이라면 A의 진술서 내용이 사실인지, A의 진술서 내용이 허위라는 점을 반증할 우리측의 증거가 있는지 등이다.

아무리 사건 경위를 충실하게 인수인계했더라도 소송 중에 상대방에 의해 새로운 주장이나 자료가 나오는 것까지 대비할 수는 없다. 허위의 주장도 있을 수 있고, 새롭게 써오는 사실확인서 내용까지 어떻게 미리 대비하겠는가? 그러니 의뢰인의 지속적인 협조가 필요하다.

상대방 준비 서면에 대하여 하루이틀 내에 반박을 해야 하는 것은 아니므로, 보통은 상대방 준비 서면을 의뢰인에게 송부할 때는 의견 회신 기한을 1~2주 또는 그 이상으로 한다. 따라서 굳이 직장 휴가를 내거나 생계를 중단해야 할 정도의 과도한 준비는 아니다. 의견 회신 역시 굳이 대면하지 않고 서면과 자료는 이메일로 보내고 추가로 궁금한 사항에 대하여 변호사가 전화하여 질문하는 경우가 일반적이다. 대면회의가 편하다면 변호사 사무실에 직접 방문하는 것도 환영하지만, 굳이 방문이 필수적인 것은 아니라는 의미이다.

변호사와의 소통에 가장 적절한 시기

변호사가 나의 사건 1건만을 수행하는 것은 아니다. 그러니 항상 내 사건의 구체적인 사실 관계나 디테일을 늘 기억하는 것도 아니다. 따라서 이왕이면 변호사가 내 사건기록을 집중적으로 보고 있는 기간에 대화하면 구체적이고 전체 쟁점에 대하여 세밀한 대화를 나눌 수 있어서 효과적이다.

법률 분쟁은 서면으로 공방하므로, 변호사들은 서면을 작성하는 시기, 즉 상대방 서면을 송달받은 후 우리측 반박 준비 서면을 준비하는 시기에 집중적으로 기록을 보고, 진행 방향을 고민한다. 단순히 서면 작성만이 아니라, 증인 신청, 감정 신청, 청구 내용 변경 등 사건과 관련된 전반적인 검토를 하는 시기이다. 따라서 상대방 서면을 받은 후, 의뢰인이 변호사 사무실에 의견과 자료를 보내어 변호사의 일정상 본격적으로 서면 작성시기가 시작되었을 때에 소통하는 것이 가장 효과적이다. 상대방 서면에 대한 숙제를 하는 과정에 이런 자료나 내용이 도움이 되는지 궁금하다면 그 준비 과정에 전화하는 것도 좋다.

의뢰인으로서는 숙제를 보낸 직후에 곧바로 그 내용으로 충분한지, 추가 설명이 필요한지 피드백을 받으면 좋을 테지만 곧바로 피드백을 주기는 어렵다. 의뢰인에게 1~2주를 주는 것처럼 변호사들도 하루이틀 이내가 아니라 1~2주 정도의 기간을 잡고 서면을 준비하고, 그 작성 과정에 상대방의 서면, 기록, 의뢰인의 자료를 포함하여 서면 내용과 방향을 잡으면서 참고하기 때문이다. 의뢰인 자료를 받은 직후에는 충분해 보여도, 서면 작성 과정에 검토해보면 방향이 다르거나 추가로 요청할 사항이 있을 수도 있어서, 성급하게 피드백을 주지는 않는 경우가 대부분이다.

의뢰인이 상대방 준비 서면에 대한 의뢰인의 의견과 자료를 변호사에게 보낸 후에는 변호사들이 본격적으로 기록 검토에 착수할 만한 시기이므로 가장 좋다.

내가 보낸 반박 의견이나 자료에 대한 변호사의 의견도 들을 수 있고, 상대방 준비 서면에 대한 변호사의 의견을 들을 수도 있지만, 전체적으로 진행 방향에 대한 궁금증을 포함하여 사건 전반에 관한 대화를 나누기에 적합한 시기이다.

변론기일에 꼭 참석해야 하는지

법원의 재판은 모두 공개 법정에서 이루어진다. 자기 사건은 물론 앞뒤 사건, 다른 법정의 사건도 방청할 수 있다. 형사재판의 공판기일과 달리 민사재판의 변론기일에는 당사자의 참석이 필수는 아니다. 주관적인 경험상으로는 소송대리인이 선임된 건설사건에서 당사자 본인 참석율은 절반 이하인 듯하다.

영화 속 재판 풍경과 달리, 실제로는 법정에서 많은 구두변론이 이루어지지 않지만, 재판부의 분위기나 양측 변호사의 진행 내용을 볼 겸 방문하는 것도 나쁘지 않다.

변론기일에 법정의 당사자석에 앉아 변론에 참여하는 경우, 재판부에 따라서는 소송대리인이 아닌 당사자 본인에게 돌발적으로 사실 관계 등을 질문하는 경우가 흔히 있다. 소송대리인과 달리 유불리를 잘 인지하지 못하는 점에서 허심탄회하게 왜곡되지 않은 사실 관계를 진술할 것으로 생각하여 실체적인 진실을 알고자 하는 듯하다.

그러나, 현실적으로는 당사자들이 재판부의 질문 취지나 본인이 답변하는 내용이 어떻게 간주될 수 있는지를 제대로 파악하지 못하여 취지와 다르게 답변하는 경우도 드물지 않으므로 주의를 요한다. 재판 경험이 많더라도, 민사소송에서는 당사자석이 아닌 방청석에 앉아서 방청하는 의뢰인도 있다.

변론기일에 의뢰인이 참석할 경우, 재판이 끝난 후 재판부가 추가로 질문한 내용, 상대방 주장을 반박하기 위해 다음 변론기일 전에 우리가 제출해야 할 사항 등을 곧바로 협의하기 좋은 장점이 있다. 법정 근처의 벤치나 카페에서 당일 문제 제기된 사항에 대하여 간이하게 나누는 회의이기는 하나, 특히 지방 사건의 의뢰인들은 변호사 사무실 방문이 어려우므로 효과적이다.

재판의 진행 경과를 아는 방법

대법원 '나의 사건 검색' 시스템에 사건번호와 당사자명을 입력하면, 자기 사건의 진행 경과를 조회할 수 있다. 변론기일, 양측의 서면제출 여부, 사실조회나 감정결과의 회신 여부 등 진행 경과를 전반적으로 확인할 수 있다.

, 사건번호 : 서울중앙지방법원 2021가단5297065

기본내용 청사배치

사건번호	2021가단5297065	사건명	[전자] 하자보수금 등 청구
원고	군자농업협동조합	피고	건웅종합건설 주식회사 외 1명
재판부	민사44단독 (전화:530-1274 (본관13층 단독1과))		
접수일	2021.11.01	중국결과	

진행내용 기 일 [▼] 선택

일자	내용	결과
2022.03.17	변론기일(민사법정 동관 455호(1번 법정출입구 이용) 14:40) 추정사유:감정 절차 진행을 위하여.)	속행
2022.05.12	감정기일(민사법정 동관 455호(1번 법정출입구 이용) 15:50)	기일변경
2022.05.12	변론기일(민사법정 동관 455호(1번 법정출입구 이용) 15:50)	기일변경
2022.05.12	변론기일(민사법정 동관 455호(1번 법정출입구 이용) 15:10)	기일변경
2022.06.09	변론기일(민사법정 동관 455호(1번 법정출입구 이용) 14:40) 추정기일:(추정사유:감정,조회,촉탁등 결과 도착을 기다리기 위하여)	속행
2022.06.09	감정기일(민사법정 동관 455호(1번 법정출입구 이용) 14:40)	시행

또한, 변론기일이 진행되면 변론기일의 진행 경과를 "소송진행

경과안내" 등 문서로 보내주는 사무실도 많이 있다. 의뢰인들은 변론기일에 참석하더라도 그날 오간 변론의 내용이나 재판부의 지적 내용, 준비할 내용 등을 잘 이해하지 못하는 경우가 흔히 있으므로 변호사 사무실에서 "소송진행경과 안내"를 문서로 보내주면 사건 경과의 이해에 좋다.

변호사 선임시 "변론기일의 진행 경과를 의뢰인에게 문서로 알려주는지"를 미리 물어보는 것도 좋은 방법이다. 작은 것이지만 의뢰인과의 소통을 중시하는 사무실인지를 가늠해볼 수 있다.

4장

✳

건설전문변호사,
어떻게
찾아야 하나?

변호사는 어떤 기준으로
찾아야 하나?

변호사가 필요할 때는 어디서 어떻게 알아봐야 할까. 인생에 큰 일이 닥쳤을 때 찾는 전문직 중에는 의사, 변호사, 세무사 등이 있을 텐데, 그 중에서 그나마 의사를 찾기가 가장 쉬운 듯하다.

의사를 찾기가 상대적으로 쉬운 이유

일단 질병은 누구나, 생로병사의 과정에 따라 겪는 것이어서, 가족이든 주변에서든 비슷한 질병을 찾기기 어렵지 않다. 환자 수가 많다 보니 인터넷으로 그 질병과 증상을 검색하면 다양한 치료법이나 어느 병원이 유명한지, 명의 정보를 찾기 쉽다(정확도는 차치하더라도). 뿐만 아니라 투병 후기도 쉽게 찾을 수 있어서 진단과 치료 과정에서 환자들이 겪을 부수적인 어려움, 각오해야 할 상황,

생활의 문제들에 대한 정보까지도 쉽게 찾을 수 있다. 결과적으로 처음 겪는 일이라도 두려움이 적다.

무엇보다도 종합병원에 곧바로 가는 것이 아니라, 동네 의원이나 건강검진 과정에서 "큰 병원으로 가보셔야 될 것 같습니다"라는 의사의 소견을 듣고 본격적인 진료가 시작되는 경우가 많으므로, 첫 단계부터 전문가인 의사를 통해 나에게 예상되는 질병이 무엇인지와 가능성, 그 확진을 위한 추가검사 내용을 대충 듣게 되고, 이러한 정보를 토대로 어느 병원을 가면 좋은지, 확진되었을 때의 치료 경과 등을 대략 가늠할 수 있다. 즉, 깜깜이 수준에서 의사를 찾는 것은 아니다. 본격적인 확진을 받기 전에 전문가(초진의)의 가이드가 있으니 나에게 적합한 병원과 의사를 잘 찾을 가능성이 높다.

변호사를 찾기 어려운 이유

반면 변호사 선임 단계는 전문가가 도와주는 단계는 아니다. 초진의로부터 받은 정보를 키워드 삼아서 오프라인 및 온라인으로 질병과 병원을 탐색하는 것과 달리 오로지 비전문가인 나의 판단에 의지하는 면이 많다.

이혼, 상속, 개인회생, 파산, 임대차 같은 전형적인 일부 분야가 아닌 한, 건축분쟁 등은 전형화된 사건이 아니므로, 정확히 자신의 상황에 대한 규정이 어렵다. 온라인으로 검색하려면 우선 키워드가 정확해야 하는데, 정확한 키워드를 찾기 어렵고, 키워드가 정확한지에 대한 확신이 없으니 자기가 검색된 정보가 자신의 사례에 맞는 유익한 정보인지를 확신하기 어렵다.

주변에 변호사가 있더라도 그 변호사에게 사건을 위임하는 것이라면 모를까, 변호사를 소개해달라는 부탁은 어쩐지 어렵다. 변호사마다 전문분야가 있고, 전문변호사를 찾아야 한다는 인식은 있는데, 내가 아는 변호사가 그 분야는 아닌 것 같을 때, 그 변호사에게 물어보기보다는 온라인 검색을 하게 되는 것이다.

어쨌든 변호사 업무에 대하여는 자문 후기나 소송 후기는 찾기 쉽지 않다. 분쟁을 설명하려면 자신의 사건을 드러내야 하기 때문일까. 상대방이 있는 일이어서일까, 아니면 질병과 달리 법적인 쟁점과 진행 상황은 일반인의 용어로 설명하는 것 자체가 일이고 벅차기 때문인지도 모른다. 어쨌든 세상의 수많은 소송에도 불구하고 후기는 별로 없고, 그만큼 후기의 진실성도 믿기 어렵다.

변호사에게 가장 중요한 요소는 전문성

건설분쟁에 가장 필요한 것은 전문성이다. 가장 필요하고 중요한 것은 사실이다. 법률신문사에서는 최근에 '2024 로펌 컨슈머 리포트'를 펴냈다. 30대 그룹 및 5대 금융지주 법무팀 담당자 588명을 대상으로 한 조사라서, 건설, 부동산 분야는 평가분야에 없다. 실제로 건설 분야는 대기업 및 대형 로펌이 지배하는 시장이 아니기도 하다.

그럼에도 불구하고, 법률서비스를 빈번히 이용한 소비자군의 평가인 점에서, 고객들이 변호사서비스의 어떠한 항목을 중요하게 평가하는지, 어떠한 요소로 불편감을 느끼는지를 통해 변호사 선임시 고려할 요소가 무엇인지를 참고할 만할 것으로 보인다.

'좋은 로펌'을 꼽은 사유는 전문성(63%), 신속성(16%), 의사소통능력(13%), 가격(5.1%), 기타를 꼽았고, "기대에 못 미치는 로펌"을 꼽은 사유는 전문성(51%), 가격(25%), 의사소통(18%), 신속성(2%)의 순이었다. 역시 '전문성'이 어떤 변호사에 대하여 만족하거나 불만족하는 가장 큰 요소가 된다.

의사소통 능력의 중요성

전문성 다음으로 의사소통 능력과 신속성이 꼽힌 것 역시 납득할 만하다. 내 주관적인 조언으로는 우선순위상으로는 의사소통 능력이 훨씬 더 중요하다. "기대에 못 미치는 로펌"에서 꼽은 순서는 어느 것이 부족할 때 더 치명적인가를 보여주는 것이기 때문이다. '의사소통 부족(18%)'과 '신속성 부족(2%)'의 비율을 보면 의사소통 부족이 훨씬 더 불만족스러운 점을 보면 알 수 있다.

좋은 로펌 순서에서 신속성이 살짝 더 높게 평가된 것은 아마도 촌각을 다투는 빠른 의사결정과 다단계 보고가 중요한 대기업 법무팀 직원의 업무특수성이 반영된 것으로 보인다. 자문과 달리 소송은 템포가 훨씬 느리기 때문에 하루이틀의 속도차보다는 결과(전문성)나 그 결과를 만드는 과정(의사소통)이 훨씬 중요하다는 것이 나의 의견이다.

의사소통 능력은 변호사 선임을 위한 회의에서도 충분히 점검할 수 있다. 나의 질문에 대하여 답변하는 내용이 나의 질문을 이해한 것인가, 나의 목적에 맞는지를 보길 바란다. 뚜렷하고 분명하게 답을 해주지 않는 두리뭉실함이 있는 경우 앞으로 계속 그럴 수도 있다. 다만, 당신의 사안 자체가 모호하다면 이는 다른 문제다. 변호사의 첫 회의 때 구체적인 사건 경위를 전제로 회의해야 하는 이유이기도 하다.

소송에서 재판부의 의중을 알 수 없는 것은 어쩔 수 없다 치지만, 아군인 우리 변호사와의 의사소통까지 애매하고 간접적으로 추측해야 하는 관계일 필요가 있겠는가. 변호사와의 의사소통이 원활해야 한다. 변호사가 사건에 필요한 자료가 무엇인지 의뢰인에게 상세히 말하고, 의뢰인이 자료나 설명을 가져오면 좋은 부분이 어디고 아쉬운 부분이 어디인지를 말하는 평가나 의견이 구체적인 변호사가 좋다. 피드백이 있어야 앞으로의 긴 과정에 점점 효율적이고 팀워크 좋게 일할 수 있다. 점진적으로 좋은 결과를 위해서는 지금에 대한 피드백, 앞으로의 대응 방향에 대한 의사소통이 원활해야 한다. 좋은 결과를 위한 의사소통에도 신경을 쓰는 변호사가 좋다.

건설 소송은 다른 소송보다
쟁점이 많고 오래 걸린다

공사보다 소송이 훨씬 더 오래 걸린다

착공부터의 준공까지의 공사 기간은 현장별로 다르지만 대략 3~4층 건물일 때 3개월, 10층 전후의 빌딩이라도 6개월 전후의 기간이 일반적이다. 변호사들이 접하게 되는 건설 분쟁이 있는 현장 조차도 대부분은 최초 공사기간의 1.5~2배 정도의 기간 내에 공사가 준공되는 것이 일반적인 듯하다.

공사 기간과 소송 기간을 비교하면 소송 기간이 훨씬 더 오래 걸린다. 준공 후 3년이 지나도록 여전히 소송이 계속 진행 중인 경우가 드물지 않다. 그렇다면 건설산업기본법상의 1~3년 차 하자에 대한 하자보수기간이 도과될 시점까지도 소송이 진행된다는 것이고, 원만한 관계였더라면 수시로 시공사에게 요청하여 여러 하자보수를 받았을 사항들을 제대로 보수받지 못하는 불편을 겪게 된다. 물론 건축주가 그 하자보수비에 대하여 법원 감정을 신청하여 그 하자보수비 상당으로 공사대금의 감액에 반영될 수는 있겠지만 기나긴 소송기간만큼의 실익이 있을지는 의문이다.

법원의 통계상으로도 이 같은 특징이 확인된다

건설소송은 다른 일반 민사소송보다 오래 걸리고 쟁점이 많다. 이는 실제로 법원의 여러 처리지침 및 통계자료로도 확인된다.

대부분의 법원이 건설사건에 대하여 사건배당의 가중치를 둔다. 서울중앙지방법원, 대구지방법원은 2배, 서울고등법원, 대구고등법원 및 서울 동부, 서부, 북부지방법원, 의정부지방법원에서는 1.5배의 가중치를 인정한다고 한다. 건설 소송 1건 배당을 일반 민사소송 1. 5건 또는 2건을 배당한 것으로 간주한다는 것인데, 이는 건설소송의 업무량이나 하중이 다른 사건보다 높다는 의미이다. 법원행정처 사건통계에서도, 공사대금 및 손해배상(건설) 사건은 전체 민사사건에 비해 평균 처리일수가 길고 미제 사건의 비율이 높다고 한다(한나라, 〈민사건설재판의 개선방안에 관한 연구〉, 사법정책연구원, 18~19쪽)

2022년 5월 기준으로 전국 4개 고등법원, 15개 지방법원(2개 지원 포함)에서 총 72개의 건설전담 재판부가 운영되고 있다. 최근 5년간 민사건설전담재판부의 건설사건처리결과를 보면, 합의부의 경우 대부분 평균 처리기간이 400일 이상이고, 500일이 넘는 법원도 있으며, 단독 재판부의 경우에도 대부분의 법원에서 평균 처리기간이 200일 이상이고, 400, 500일을 넘는 법원도 있다(한나라, 앞의 논문). 건설전담재판부라도 건설사건만을 처리하는 것이 아니고, 일반 민사사건 대비 건설사건의 비중이 30~60% 높은 정도일 뿐임을 고려할 때, 순수 건설사건의 처리기간만 따지면 그보다 더 길 것으로 예상된다.

전형적인 공사대금 분쟁의 진행 경과 예시

공사의 시공과 소송이 어떤 경과로 진행되는지 구체적으로 한 사건을 예로 들어본다.

경기도 내의 신도시 번화가에 연면적 4800㎡, 공사대금 약 25억 원, 공사기간 6개월로 회사 사옥을 신축하는 공사였다. 건축 허가 조건에는 건물신축 외에 그 인접 도로변 옹벽을 철거하고 재포장하는 조건이 포함되어 있었는데, 이것이 시공사의 공사 범위에서는 제외되어 있었지만 공사 진출입로 확보 등에 영향을 미칠 수밖에 없었다. 위 옹벽공사는 인근 주민과의 공사 합의, 공사비용

합의 등 시공과 직접 관련이 없는 문제가 포함되어 있어서 공사가 지연되었다. 공사 차량이 대로가 아니라 골목길로만 진출입이 가능한 열악한 현장 여건도 공기 연장을 유발했고, 건축주가 당초 설계와 달리 조경공간의 위치를 1층에서 옥상으로 옮기고, 그에 따라 주차공간 및 위치가 바뀌는 등 여러 가지 설계변경도 있었다.

결과적으로 건물은 착공 12개월만에 인도되었다. 준공정산과정에 추가 공사대금이 얼마인지를 둘러싸고 건축주와 시공사 간에 분쟁이 생겨서 준공정산 협의가 결렬되었다. 준공 3개월 후쯤에 시공사가 건축주를 상대로 공사대금 청구 소송을 제기했고, 1심 판결까지 2년 1개월, 2심 판결까지 2년, 양측이 대법원에 상고하지 않아서 2심 판결이 확정판결이 되었다. 결국 공사 기간은 1년인데, 소송은 4년 1개월이 걸린 셈이다.

감정절차를 위해 소요된 기간

참고로 위 4년의 기간 중 감정절차와 관련하여 소요된 기간은 약 1.5~2년 정도였다. 일단 재판부가 감정인을 지정하여 감정료를 예납한 후 감정기일이 열릴 때까지 대략 2~3개월이 소요되고, 감정인이 현장조사절차를 거쳐 감정결과를 감정서라는 문서의 형식으로 법원에 제출하기까지의 기간이 6개월 전후이고, 그 감정 결과를 원피고가 검토한 후 그 중 자기측에게 불리한 부분에 대하여

1~2회 정도의 감정보완신청을 신청하는데 그 기간도 최소 3개월 정도는 소요되므로, 이를 전부 포함하면 1심 감정을 위해서 평균 1년 정도의 시간이 걸리는 듯하다.

보통 감정은 1심 재판 중에 진행된다. 항소심에서 동일한 사항에 대하여 재감정을 채택하는 것은 극히 드물지만, 1심 감정 결과의 취지를 명확히 하기 위해 1심 감정인에게 신청하는 보완 감정은 대부분 채택해 준다. 이 역시 수개월이 걸린다.

공사대금 소송에서 양측이 주고받는 전형적인 쟁점과 그 결과들

위 사건은 공사대금 소송에서 건축주와 시공사 간에 주로 어떤 쟁점을 주고 받는지를 보여주는 전형적인 사건이라서 그 결과도 살펴본다. 최종적인 판결 결과를 가지고 보자면, 당초 시공사가 소송으로 청구한 미지급 공사대금은 5억 원이었고, 그 공사내용은 감정결과로도 확인되어 거의 전부 인정이 되었다.

그러나, 발주자측이 위 공사대금 지급채무를 방어하기 위해 주장한 채권들도 인정되었다. 즉, 건축주는 하자보수에 갈음하는 손해배상청구권 1.2억 원, 전체 준공지연 중 일부가 시공사의 공사지연으로 인정되어 지체상금 1.3억 원이 인정되었고, 그 금액만큼이 공사대금에서 감액되었다.

시공사의 입장에서 보면 당초 추가 공사대금을 덜 인정받더라도 차라리 합의하는 것이 낫지 않았을지 싶은 부분이다. 하자감정을 했을 때, 하자가 존재하지 않는 결과가 나오는 경우는 사실상 없다. 사용상 멀쩡한 건물도 하자보수비 감정을 하면 항상 하자보수비는 상당한 수준으로 나온다. 실제 건물의 사용상 불편함이 없더라도 준공도면과 대비하여 규격을 모두 체크하면 미시공, 오시공으로 평가될 항목들은 늘 나오기 마련이고, 특히 상주감리가 아닌 공사현장에서는 미시공, 오시공의 비율도 상당히 높다. 준공 지연 역시 특별히 발주자 사유라는 점에 관하여 적극적인 주장, 입증이 없으면 시공사에게 귀책사유가 돌아가는 경우가 흔하다.

결국 건설소송에는 다양한 측면이 있다. 시공사들이 주장하는 채권이 사실 관계나 증거관계에서 우위에 있는 반면, 건축주 역시 하자보수비나 지체상금 등 반대채권을 갖고 있는 경우가 흔히 있고, 특히 하자보수청구권은 시공사에게 불리한 측면이 있다. 이는 시공사와 건축주 모두에게 교훈이 될 수 있을 듯하다. 4년의 시간이 걸려서 당초 청구한 금액보다 2.55억 원이 감액되는 결과를 생각할 때, 준공정산 합의에서 서로 양보하는 것도 타당하다. 이미 시공사의 소장을 받았다면 건축주의 입장에서는 해볼 만하다. 시공사의 청구도 열심히 방어해야하지만, 반대채권으로 상계할 수 있는 돌파구도 생각해볼 수 있기 때문이다.

직접 상담하며 주요 쟁점에 대한
질문과 답변을 듣고 결정하라

변호사의 실력과 전문성을 검증하는 가장 좋은 방법은 직접 상담하는 것이다. 홈페이지의 사진, 경력, 실적을 통해 얻는 정보와는 비교할 수 없을 정도로 직접적이고 입체적으로 판단이 가능할 것이다.

유의미한 상담이 되려면 반드시 미리 사건 개요와 증거자료를 보내어, 구체적인 사건 내용에 대하여 변호사가 미리 알 수 있어야 한다. 자료를 보낸다는 것은 '우리측 대응 방향을 알 수 있는 자료, 우리측의 입장이 담긴 자료'를 의미한다. 예를 들어 시공사로부터 소장을 받고 대응 방향을 찾기 위해 상담하는 것이라면, 상대방측의 소장 및 소장첨부 증거자료만 보내는 것은 부족하다. 오히려 그에 대응하여 우리측의 반박 논거와 그 증거를 함께 보내야 유의미한 상담이 가능하다.

예를 들어 상대방의 소장 요지가 "2023. 6. 10.에 공사를 완공했으니, 계약상 잔대금 1억 원과 추가 공사대금 2억 원을 지급해야 한다"일 때, 상대방의 소장만을 자료로 보낼 경우, 우리측에게 유리한 법률 의견을 제안할 수 없다. 이런 사안에서 건축주의 입장은 여러 가지 가능성이 있는바, "아예 계약한 사실이 없다"일 수도 있고, "계약했었던 것은 사실이나, 시공하다가 미완성 상태로 현장을 떠났고 오히려 과기성금이 지급된 상태였으니 돌려받아야 한다"일 수도 있다. "완공한 것은 사실이나, 6. 10.이 아닌 8. 10.에 완공해서 2개월간 지연되어서 손해가 막심하다. 지체상금으로 상계하고 싶다" 또는 "추가 공사는 시공한 사실이 없다", "추가 공사가 아니라 시공사가 자기 과실로 멀쩡한 옹벽을 무너뜨려 자기 비용으로 원상복구한 것이다"인지, "원고의 청구가 모두 타당하나, 우리도 하자보수청구권을 주장할 것이 있다"인지 등 여러 가능성이 있다. 이런 실제 사실 관계를 의뢰인이 제공해야만 한다. 그래야 회의가 유의미할 수 있다.

사건 당사자라고 과거 사실 관계를 다 아는 것은 아니다

사건의 당사자임에도 불구하고 이런 질문에 대하여 답변을 하지 못하는 경우가 흔히 있다. "그건 그때 일을 도와준 지인에게 한 번 물어봐야 한다", "그건 아마 작업반장님이 알 것 같은데, 연락처를 찾을 수 있을까 알아봐야 한다", "자료를 한 번 찾아봐야 한다" 등등.

건축 과정에 건축주 혼자 관여한 것은 오히려 이례적이니 어쩌면 당연한 일이다. 만일 시공 과정에 지인이나 가족 등 누군가의 도움을 받았다면, 시공사와 지인 간에 소통한 내용이나 지인만이 우연히 알게 된 추가 사실 관계가 있을 수 있다. 그 역시 '사건경위'에 반영되어야 하고, 증거도 한 번에 수집되어야 한다. 시공사 역시 대표이사, 과장, 부장이 아는 내용을 모두 취합해서 사건에 대응한다는 것을 생각하면 당연한 일이다.

변호사 상담에 사건 관계자와 함께 참석하는 것을 추천한다

사건 관계자가 있을 경우, 그가 변호사 상담에 함께 참석하면 사건에 대하여 한 자리에서 중단 없이 사건 파악이 가능한 장점이 있고, 전체적으로 파악된 사실 관계를 기초로 유의미한 질문과 답변이 가능하다. 실질적인 회의가 이루어지면 변호사의 선임 여부를 결정할 정보가 더욱 많아지니 유익하고, 사건관계자의 의견도 참조하여 결정에 확신을 갖기도 좋다.

사건 관계자가 동석할 경우의 또 다른 유익은 그 사건 관계자에게 추가로 사건을 설명할 필요 없고, 일단 한번 회의에 참석하면 이후 자발적인 협조를 얻기 쉽다는 것이다. 내 경험에 비추어 볼 때, 사건 당사자가 아니라도 시작을 함께하여 사실 관계에 대한 이해 수준이 동일하고 사건 당사자가 그 수고를 알아주면, 이후의 진행 과정에서는 자발적인 흥미를 느껴 자기 일처럼 도와주는 경우가 흔히 있었다.

사족

설령 그 변호사를 선임하지 않더라도 동일한 사안에 대하여 여러 변호사의 법률 의견, 대응 방안을 듣는 것은 그 자체로 의미있는 일이다. 실제로 많은 정부기관이나 공기업, 회사들이 동일 사안에 대하여 2명 이상의 변호사에게 법률자문을 받아 의사결정을 하는 일이 흔하다. A 변호사를 선임하더라도, B 변호사의 법률의견을 A 변호사에게 전달하길 추천한다. 사건 진행에 도움이 되는 아이디어라면 A 변호사도 환영할 것이다.

수임료보다 중요한 것은
승소 가능성이다
(소송비용 패소자부담원칙)

변호사수임료는 어느 정도일까. 실제로는 소송제기 여부, 변호사 선임여부를 고민하면서 가장 중요하게 고려하는 요소 중 하나이다. 수임료를 좌우하는 대표적인 요소는 '업무에 투입되는 시간, 사건 난이도, 사건의 규모(소가)'이다.

변호사 선임료는 같은 로펌 변호사들끼리라도 공식적으로 공유하는 일은 없고, 함께 같은 사건을 공동수행을 할 기회가 있을 때 다른 변호사와 나의 기준이 어느 정도 다른지를 볼 뿐이다. 일반적으로 통용되는 기준으로는 초대형 로펌이 아닌 웬만한 법무법인의 중견변호사일 때, 대략 소가 3억 원 정도의 사건일 때 서울중앙지방법원 사건 기준으로 착수금 550~770만 원(부가세 포함), 성공보수는 보통 5~10% 기준인 듯하다. 사건의 난이도, 변호사의 업무 투입시간을 고려하여 거기서 위 아래로 조정되는 것이 일반적이다. 착수금을 낮추고 성공보수 비율을 약간 높이거나, 그 반대로 하는 식으로도 조정한다.

위 기준은 주관적이고 평균적인 통계일 뿐, 같은 사건이라도 전관 변호사나 전문변호사를 선임하느냐, 해당 사건에 경험이 없는 변호사, 저년차 변호사를 선임하느냐에 따라 수임료는 달라진다. 가격만이 아니라 수행의 품질이나 사건 이해도 역시 다를 것이므로 가격만으로 비교하는 것은 적절한 비교가 아니긴 하다.

사건에 투입되는 시간의 차이가 수임료를 결정한다

동일한 변호사가 소가(訴價)가 같은 공사대금 사건에서 사건별로 수임료를 달리한다면 그 원인은 무엇일까. 주로는 사건에 투입되는 품, 시간의 차이다. 만일 사건이 복잡해서 사실 관계를 파악하고 증거를 확보하는 데 시간과 시행착오가 많이 필요한 사건이라거나, 법원 감정을 해야 하는 사건이라서 소송 기간이 오래 걸릴 사건이라거나, 법원까지의 소요시간이 길다면 수임료는 평균보다 올라갈 수 있다. 가격적으로 보자면, 소송 중인 법원 근처의 변호사에게 의뢰하는 것이 가장 좋다.

시공 과정에 증거 자료를 충실히 확보하면 소송까지 가지 않거나, 소송에 가더라도 승소가능성이 높다고 말했었는데, 변호사 수임료에도 영향을 미친다. 소송을 수행할 변호사에게도 품이 덜 들어가는 사건이기 때문이다. 결과적으로는 시공과정에 변호사의 자문을 받는 것이 유익하다는 결론에 다시 돌아가게 되는 듯하다.

건설전문변호사에게 맡기는 것이 더 비싼가?

건설전문변호사라고 하여 건설 사건에서의 수임료가 크게 차이나는 것은 아니다. 그 변호사 입장에서 건설 사건은 익숙한 분야이므로 투입시간이나 투입효율이 좋다는 점 때문에 선입견과 달리 일반 변호사와 가격상 큰 차이가 없을 가능성이 높다. 가격 차이가 있다고 해도 승소가능성을 생각한다면 전문변호사에게 맡겨야 한다.

수임료보다 승소 가능성이 중요한 이유
(소송비용 패소자 부담 원칙)

어느 변호사를 선임할지 고민할 때 수임료보다 중요한 것은 승소가능성이다. 민사소송에서는 소송비용에 관하여 패소자 부담 원칙이 적용된다(민사소송법 제98조). 즉, 당장 변호사를 선임할 때는 각자 자기측 변호사의 선임료를 지출지만, 판결 주문(主文)에는 소송비용에 대한 판단이 함께 내려진다. 대부분 승패 비율에 따른다. 이를 패소자 부담 원칙이라 한다. 즉, 패소하면 자기 변호사 비용만이 아니라 상대방의 변호사 수임료, 상대방이 신청한 감정료까지 부담하게 된다. 이길 변호사, 승소가능성이 높은 변호사를 선임해야 하는 이유이다.

패소자에게 전가되는 소송 비용의 범위

민사소송 판결문을 보면, 주문(主文) 제1항에서 원고의 청구의 당부에 대하여 판단하고, 제2항에서 소송비용의 부담 비율을 판단하는데 제1항의 승소 비율과 유사하다. 예를 들어 제1항이 원고 전부 승소인 경우, "소송 비용은 피고가 부담한다"로 선고되고, 제1항이 원고 일부 승소인 경우에는 그 승소 비율에 따라 "소송 비용 중 1/3은 원고가, 나머지는 피고가 각 부담한다"라는 식의 판결이 내려진다.

주   문

1. 피고는 원고에게 575,000,000원 및 이에 대하여 2017. 6. 1.부터 2018. 1. 30.까지는
   연 6%의, 2018. 1. 31.부터 2019. 5. 31.까지는 연 15%의, 2019. 6. 1.부터 다 갚는
   날까지는 연 12%의 각 비율로 계산한 돈을 지급하라.
2. 원고의 나머지 청구를 기각한다.
3. 소송비용은 피고가 부담한다.
4. 제1항은 가집행할 수 있다.

판결문의 주문 예시

판결 주문(主文)에서 말하는 '소송비용'이란 당사자가 소송절차

를 수행하기 위해 지출하는 일체의 비용을 말한다. 소장을 제출할 때 원고가 법원에 납부하는 인지대, 송달료, 변호사 선임료, 이후 소송 과정에 감정이나 증인, 사실조회 등 증거를 신청하거나 청구 내용을 추가할 때 법원에 납부하는 감정료, 증인여비, 추가 인지대 및 송달료 등이 대표적인 예이다.

인정되는 소송비용은 대략 어느 정도일까?

판결문에서는 소송비용의 분담 비율까지만을 정하는 바, 구체 적인 금액은 판결이 확정된 후에 소송비용액 확정신청절차를 통해 정해진다. 참고로 "판결이 확정"되었다는 것은 판결에 대하여 불복기간(항소, 상고기간)이 도과되었거나 대법원 판결이 선고된 때를 말한다. 대법원 판결은 더 이상 불복절차가 없으므로 판결선고 일에 확정된다.

소송비용은 민사소송비용법, 대법원 규칙에서 정한 범위 내에서 인정된다. 법원에 납부한 비용(인지대, 송달료, 감정료 등)은 실제 지출한 금액이 전액 인정되고, 이와 달리 제한되는 부분은 변호사 보수이다. 각자가 선임하는 변호사 보수는 천차만별인 바, 승소한 측이 실제 지출한 실비만큼을 무한정 상대방에게 전가하는 것은 부당하기 때문이다. 대법원 규칙에서 정한 기준대로 소가(訴價)에 따라 산출된 변호사 보수를 한도로 하는데, 아래와 같다.

소송목적의 값	소송비용에 산입
300만 원까지 부분	30만 원
300만원초과 – 2,000만 원까지 부분	30만 원 + (소송목적의 값 – 300만 원) × $\frac{10}{100}$
2,000만 원초 – 5,000만 원까지 부분	200만 원 + (소송목적의 값 – 2,000만 원) × $\frac{8}{100}$
5,000만 원 초과 – 1억 원까지 부분	440만 원 + (소송목적의 값 – 5,000만 원) × $\frac{6}{100}$
1억 원 초과 – 1.5억 원까지 부분	740만 원 + (소송목적의 값 – 1억 원) × $\frac{4}{100}$
1.5억 원 초과 – 2억 원까지 부분	940만 원 + (소송목적의 값 – 1억5천만 원) × $\frac{2}{100}$
2억 원 초과 – 5억 원까지 부분	1,040만 원 + (소송목적의 값 – 2억 원) × $\frac{1}{100}$
5억 원 초과하는 부분	1,340만 원+ (소송목적의 값 – 5억 원) × $\frac{0.5}{100}$

■ 변호사보수의 소송비용 산입에 관한 규칙 [별표] 〈개정 2020. 12. 28.〉

위 산식만으로는 구체적인 이해가 어려울 듯하여, 소가(訴價)가 1억, 5억 원일 때의 소송비용을 예시하면 아래와 같다. 승소할 때 보전되는 변호사 보수를 보면 실제 지출하는 변호사 선임료의 대부분이 보전 범위에 속할 것이다. 선임료가 그보다 높더라도 승소 가능성을 고려하여 결정하는 것이 나은 이유이기도 하다. 인터넷에 "소송비용계산"으로 검색하면, 대법원이나 법률구조공단 등에서 올려둔 자동계산식들을 쉽게 찾을 수 있다. 아래의 예시는 소 제기 때 납부하는 인지대, 송달료도 참조가 될 것이다. 이 역시도 패소자 부담인 소송 비용 범위에 속한다.

《소가 100,000,000원일 때의 1심 소송비용 예시》

(전자소송 기준)

- 인지액 : 금 409,500원
- 송달료 : 금 78,000원(상대방 1인 × 15회분 × 5,200원)
- 법정 변호사보수액 한도 : 금 7,400,000원
- 소송비용 합계 : 금 7,887,500원

《소가 금 500,000,00원일 때의 1심 소송비용 예시》

(전자소송 기준)

- 인지액 : 금 1,849,500원
- 송달료 : 금 78,000원 (상대방 1인 × 15회분 × 5,200원)
- 법정 변호사보수액 한도 : 금 13,400,000원
- 소송비용 합계 : 금 15,327,500원

　　위 전형적인 항목들 외에 건설소송에서 특유하게 발생하는 소송비용으로는 감정료가 있다. 감정하는 건물의 규모나 감정 사항에 따라 다르다. 소규모 개인주택은 수백만 원선의 감정도 일부 있고, 빌딩에서는 천만 원대를 넘어서지만 이 역시 패소자부담이다.

　　그러니 변호사 선임료가 부담되어 혼자 본인소송으로 소송을 진행한다거나 변호사를 선임할 때 단순히 선임료의 액수로 변호

사를 결정해서는 안 된다. 감정 신청 역시 이기기 위해 필요하다면
신청해야 한다.

승부 근성 있는 파이터, 적극적인 변호사가 좋다

변호사들은 대부분 모범생들이다. 초중고교 동창 중 법조인이 된 친구들을 떠올려 보면 그 느낌을 알 수 있을 것이다. 그러니 공부 잘하고 성실하다는 점은 아마 변호사들 대부분의 공통적인 특징일 것이다.

그러나, 법학지식과 성실성은 변호사가 갖춰야 할 필요조건일 뿐, 충분조건은 아니다. 변호사는 심판이 아니라 선수이므로, 적극성이 필수적이다. 시험문제에 정답을 고르는 수동적인 법학 지식만으로는 부족하다. 얌전히 앉아서 의뢰인이 제공하는 자료를 토대로 수동적으로 시시비비를 가릴 줄 아는 정도의 선비 같은 특징만으로는 부족하고, 승부 근성을 가진 파이터이어야 한다.

변호사 A와 B

변호사들끼리 서로의 업무 스타일을 볼 기회는 많지 않다. 연수원 동기, 같은 로펌에 근무하는 변호사라서 법리적 해박함, 인품을 잘 안다고 하더라도 구체적인 사건에서 어떤 스타일인지는 모르는 경우가 흔하다. 직접 같은 사건을 처리해봐야만 알 수 있는 성향이 있다.

내 경험에 비추어 보면 파트너-어쏘 관계로 만났을 때 변호사의 성향을 알기 쉬운 것 같다. 같은 사건을 전체적으로 같이 관여하므로 변호사의 성향이 쉽게 보인다. 어쏘 시절에는 파트너 변호사님들의 성향이 보였고, 파트너가 되어서는 어쏘들의 성향이 보였다. 적극적인 변호사인지 적당히 일하는 변호사인지는 너무 쉽게 눈에 보이는데, 이는 대인관계에서의 적극성이나 인품과는 또 다르다.

사건의 내용 파악을 듬성듬성하고 꼼꼼하지 않게 하면 유의미한 시그널을 놓칠 수 있다. 모래사장을 뒤지는 단계를 대충대충하여 쟁점이 될 만한 사실 관계를 놓치면 쟁점에서 누락될 수 있다. 변호사가 쓴 서면 자체로는 문제가 없고 완결성이 있어 보여도, 직접 기록과 자료를 대비해 보았을 때, 아예 쟁점을 누락하거나 증거까지 고려하면 오히려 빼야 할 쟁점들이 있는 경우가 있다.

예를 들어 변호사 A, B가 있다고 하자. A 변호사는 기록을 꼼꼼히 보고 5개의 쟁점을 찾고, 5개 쟁점별로 증거가 있는지, 사실 관계가 설득력이 있는지를 현실적으로 파악하느라 시간을 쓰고, 각 쟁점의 관련된 법리, 판례, 유사사례를 찾느라 시간을 쓰고, 그 쟁점들을 효과적으로 표현해서 서면화하기 위해 다시 시간을 쓰느라 1주를 꼬박 매달릴 수도 있다. 이 같은 과정에서 최초로 고려했던 5가지의 쟁점 중 3가지가 빠질 수도 있다. 최초로 고려한 쟁점 중 2가지 외에 오히려 과정에 새로운 쟁점인 f가 추가되는 경우도 있다.

반면 B 변호사는 웬만한 변호사라면 누구나 잡아낼 당연한 쟁점 b, d 정도를 발견하는 것으로 쟁점 파악을 마쳤다고 생각하고, 그 2개 쟁점에 대하여 법리를 구성한다. 이를 문서화하는 일이나 언어로 표현하는 일에도 큰 고민 없이 서면 초안을 작성한다. B 변호사의 서면도 A 변호사와 마찬가지로 서면의 외형상으로는 문제가 없다. b, d를 잡아낸 부분에 문제가 있는 것이 아니라, 오히려 드러나지 않고 쟁점화시키지 못한 a, d, e에 문제가 있는 것일 뿐.

결과적으로 A, B 두 변호사의 서면 모두 2~3가지 정도의 쟁점을 서면에 반영했지만, 이후 소송이 진행되면서 조금씩 달라진다. 애초에 전체적인 방향을 신중히 고민하지 않은 경우, 상대방의 반박 서면과 그 증거들을 통해 예상 못 한 상황이 계속 발생한다. 전체적인 사건 파악이 안 된 상태로 주장을 시작하면, 우리측 주장이 지속적으로 신뢰성을 잃는 방식으로 소송이 진행되는데, 이는 재판부에게 매우 나쁜 인상을 준다.

대부분의 분쟁에서 서명날인된 문서, 합의서 등 직접증거가 있는 경우 드물고, 양측 모두 정황증거나 간접증거에 기대어 이를 근거로 근거로 주장하는 경우가 비일비재하다. 이 같은 상황에서 당사자 일방의 주장 중 상당 부분이 증거로 배척된다면, 나머지 주장들의 신빙성에도 광범위하게 불리한 영향이 미친다.

첫 번째 서면에 최종적으로 몇 가지를 쟁점화하였는지를 떠나, A 변호사는 5가지 쟁점에 대하여도 파악한 것이다. 반면 B 변호사는 전체적인 사건 파악에 미흡한 점에서 현재의 방향 설정이 정확할지 불안하다.

B 변호사처럼 쉽게, 대충 일하는 스타일은 피해야 한다. A, B 변호사와 같은 스타일 차이는 어쏘 시절에만 나타나는 것이 아니다. 변호사 경력이 늘어날수록 이같이 일하는 방식에 따른 경험과 시야의 차이는 더욱 커진다. 애초에 승부근성이나 적극성은 성향인 듯하다.

변호사의 적극성이 필요한 분야

사실 관계 파악에도 적극성이 있어야 하지만, 사실 관계를 찾은 후 법리구성과 판례 등을 리서치하는 것에도 적극성이 필요하다. 나아가 변호사는 언어로 표현하고 전달, 설득하는 것이므로 문서를 설득력 있고 효과적으로 표현하는 일도 적극적으로 고민하는 변호사가 좋다.

이런 것까지는 다소 과한 점이 있지만, 의뢰인이 실제 목적에 대한 세심한 이해가 있는 변호사라면 더욱 좋겠다. 소송에서 승소 판결을 받는 것에 국한하지 않고, 보다 크게 '의뢰인의 분쟁 해결'로 이해하는 변호사가 좋다. 같은 말이 아니냐고? 전혀 그렇지 않다. 의외로 많은 사건에서 의뢰인들이 원하는 것이 '각을 세우며 긴 소송으로 가는 것보다 가능한 빨리 종결하는 것, 합의하는 것'인 경우가 많고 목표가 다르면 과정 역시 달라져야 한다. 물론 합의는 한쪽이 좌우할 수 없는 것이긴 하나, 현실적인 니즈를 충족시키는 궁극적인 해결에 관심이 있어야 한다.

변호사의 적극성을 일반인이 알아볼 수 있을까?

적극적이고 승부근성 있는 변호사를 비전문가인 일반인이 알아볼 수 있을까. 온라인 쇼핑몰처럼 '고객 후기'가 많다면 좋지만, 변호사 업무에 관하여는 그런 후기가 온라인에 등장하는 경우는 흔하지 않다. 병원과 비교하여도 그 사례가 더 드물다. 개인적인 내용이 많고 말로 설명하기에 더욱 어렵다는 점도 영향을 미치는 듯하다. 혹시 그 변호사에게 사건을 맡겨본 사람의 추천을 받았다면 이는 꽤 신빙성이 높을 것이다.

어쨌든 이처럼 온라인으로 후기를 접할 수 없는 점을 감안하여, 현실적으로 가장 체감할 만한 방법은 앞서 여러 번 언급한 대로 '내 사건에 대한 현안 질문'이다. 내 입장에서 그나마 가장 다각도로 고민해 본 쟁점이므로, 그에 관한 대화를 나누면 이를 이해하는 정도, 그에 대하여 제시하는 대응 방향이나 진행 방식 등의 적극성, 현실성, 설명 방식의 구체성을 알 수 있을 것이다.

내가 고민하는 여러 쟁점들에 대하여 평소에 세밀히 고민하였거나 다뤄본 경험이 있는 것으로 느껴졌는지 등이 기준이 될 수 있다. 사건을 세밀히 다뤄본 변호사들이라면 그 과정의 리스크나 장단점 등에 대하여 조언하는 내용이 보다 현실적이거나 세밀할 가능성이 높다.

여러 번 말하지만 변호사와 상담할 때 '내 사건에 대하여 미리 자료 제공하여 현안에 관한 상담을 하는 것'은 변호사 선임 과정에서 여러모로 유익하다.

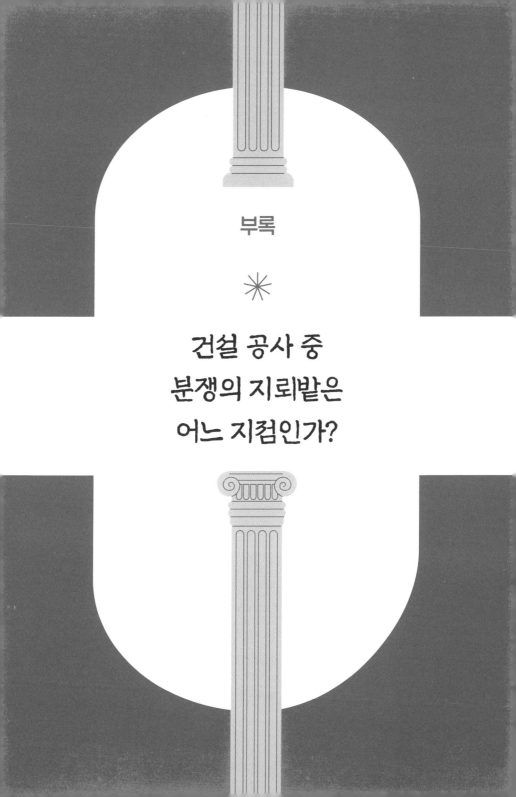

부록

✳

건설 공사 중
분쟁의 지뢰밭은
어느 지점인가?

사례 1
도급계약 해제 시점
"할 것인가 말 것인가,
한다면 어떻게 해야 적법한가"

**1) 먼저 상대방에게 귀책 사유가 있음이 확실한지,
계약 해제 사유를 점검한다**

계약 해제에 따른 정산 관련 소송에서 계약 해제 자체가 적법하지 않다고 판단되는 경우가 드물지 않다. 도급인(건축주)이 수급인(시공사)의 공사 지연을 원인으로 계약 해제를 통지했는데, 재판부는 그 지연이 시공사의 잘못이 아니라고 판단하는 경우가 그 예이다. 공사 지연 원인이 시공사에게 있다기보다는 오히려 도급인(건축주)이 뒤늦게 요구한 설계 변경 때문에 자재 반입, 공법 변경 등 공정이 늦어진 경우도 있고, 인허가 관에 의한 추가적 제한, 인접 주민과의 분쟁 등 시공사와 무관한 요인에 의한 공사 지연이라면 이를 시공사의 귀책사유로 볼 수 없기 때문이다.

이처럼 계약 해제가 적법하지 않을 경우, 그 부적법한 계약 해제를 토대로 도급인이 수급인을 현장에서 퇴출시킨 행위가 오히려 도급인에게 책임있는 채무불이행으로 평가될 수 있다. 도급인이 수급인의 시공(채무이행)을 거부한 셈이고, 다른 제3의 시공사를 투입하여 공사를 완공하기까지 했다면 당초 수급인과 계약한 공사도급계약은 도급인으로 인해 이행불능 상태가 된 셈이다. 계약 해제가 적법하냐 부적법하냐에 따라 누가 누구에게 손해배상을 해야 하는지가 정반대가 될 수 있다. 그런 점에서 귀책사유가 복합적이고 애매하다면 함부로 계약 해제할 일이 아니다.

2) 상대방에게 귀책사유가 있더라도 해제 통지에 앞서 상당한 기간을 정한 이행촉구가 필요한 경우가 있다

설령 상대방에게 귀책사유가 있어 계약해제 사유가 인정된다고 하더라도 계약해제 통지에 앞서 상대방에게 상당한 기간을 부여한 이행촉구(법률용어로는 최고(催告))를 해야 하는 경우가 대부분이다. 이 같은 절차위반으로 인해 계약해제가 부적법하다 판단받을 수 있다. 통상은 내용증명으로 1, 2회 정도 최고를 한다. 마지막 최고에는 시한을 정해 계약해제를 예고통지한다. 제목으로도 내용으로도 담아서 보낸다.

"공사도급계약에 있어서 수급인의 공사중단이나 공사지연으로 인하여 약정된 공사기한 내의 공사완공이 불가능하다는 것이 명백하여진 경우에는 도급인은 그 공사기한이 도래하기 전이라도 계약을 해제할 수 있지만, 그에 앞서 수급인에 대하여 위 공사기한으로부터 상당한 기간 내에 완공할 것을 최고하여야 하고, 다만 예외적으로 수급인이 미리 이행하지 아니할 의사를 표시한 때에는 위와 같은 최고 없이도 계약을 해제할 수 있다"(대법원 96다21409판결).

3) 해제통지가 끝이 아니다.
정산에 관한 분쟁에도 대비해야 한다

건설공사계약은 매매계약 등 다른 계약과 달리 계약이 해제되더라도 소급효가 제한되고, 해제 시점까지의 기성 부분에 대하여 효력을 인정하는 것이 일반적이다.

"건축도급계약에 있어서 미완성 부분이 있는 경우라도 공사가 상당한 정도로 진척되어 그 원상회복이 중대한 사회적, 경제적 손실을 초래하게 되고 완성된 부분이 도급인에게 이익이 되는 경우에, 수급인의 채무불이행을 이유로 도급인이 그 도급계약을 해제한 때는 그 미완성 부분에 대하여서만 도급계약이 실효된다고 보아야 할 것이고, 따라서 이 경우 수급인은 해제한 때의 상태 그대로 그 건물을 도급인에게 인도하고 도급인은 그 건물의 완성도 등을 참작하여 인도받은 건물에 상당한 보수를 지급하여야 할 의무가 있다".(대법원 1986. 9. 9. 선고 85다카1751판결)

따라서 계약해제 통지는 끝이 아니다. 계약해제를 했다면 정산에 대비하여야 한다. 최종 기성고 공사대금이 얼마인지, 누구에게 귀책사유가 있는지, 그에 따라 지급할 손해배상이 얼마인지 등 구체적인 정산 내용을 둘러싸고 발생하는 분쟁이 발생하는 경우가 많다. 따라서, 해제통지를 하였다면 이 같은 분쟁을 대비하여 최종 현황을 철저히 확보해 둘 필요가 있다.

사례 2
미완성 중단 공사의 재개와 마무리

"한 없이 방치할 수는 없는데,
후속업자 투입 전에 조치할 일은 무엇인가"

---

1) 현황을 명확히 확보해야 한다

일반인들이 흔히 하는 실수는 계약해제든 공사포기든 선행 시공사가 공사 현장을 떠난 이후에 그 최종 현황(하자 현황 포함)에 대하여 객관적 증거를 확보하지 않은 채 후속 업체를 투입하여 현황을 훼손하는 것이다. 기존 시공사의 최종 기성고 시공 상태와 그 이후의 시공사의 시공 내용이 혼용되어 경계가 모호해지면 추후 기존 시공사와의 분쟁에서 시공사의 기성고가 과도하게 평가될 수 있고, 기존 시공사의 시공 하자 역시 현황이 사라질 수 있다.

2) 객관적인 증거를 확보해야 한다

최종 현황의 증거는 '객관적'으로 확보해야 한다. 일반인은 스스로 신경써서 사진과 동영상을 남기더라도, 추후 전문적으로 그 기성고나 하자를 판단할 주체들(시공기술사나 판사)이 보기에 유의미한 증거가 아닌 경우가 매우 많다. 유의미한 증거가 되기 위해서는 혼자보다는 가능한 전문가의 도움을 받는 것이 좋다.

예를 들어 최종 현황의 사진을 건축주 자신이 찍는 것보다는 후속공사의 견적를 내기 위해 온 다른 시공사의 담당자에게 부탁하는 것도 방법이다. 예를 들자면, 자신들이 시공할 공사의 물량과 범위를 특정하여 견적서를 내기 위해서도 현황을 체크할 것이므로, 그 김에 현재의 기성고를 알 수 있도록 현황사진을 부탁할 수도 있을 것이다. 때로는 자재의 두께일 수도, 하자의 현황 및 범위일 수도, 계량기의 숫자일 수도 있다. 자재의 적치 내용이나, 가설 비계의 설치나 철거 정도가 도움이 될 수도 있다. 현황 관련 자료는 시간이 지날수록 일실(逸失)되므로 적기에 확보하는 것이 좋다.

아예 법원의 증거보전신청을 통해 기성고 감정이나 현장검증 등을 미리 진행하는 것도 사안에 따라 추천한다. 이는 소송 중에 하는 기성고 감정 및 현장 검증과 동일하게 신빙성을 인정받을 수 있다.

3) "미완성이냐 완성 이후의 하자냐"는 법적으로 매우 큰 의미가 있다

최종 기성고와 후속 공사 간의 경계가 애매해서 생기는 가장 큰 문제는 선행 시공사가 "시공을 마친 것"으로 평가되는 것이다. 이는 공사 지연에 대한 손해배상인 지체상금 청구와 직접적으로 관련된다.

지체상금이란, 표준 공사도급계약서를 포함하여 대부분의 공사도급계약에 포함되는 약정으로서, 공사지연에 대한 손해배상금을 정액화하여 미리 약속하는, 법적으로는 손해배상액의 예정의 일종이다. '예정'이므로 추후 소송에서 다퉈질 경우 재판부가 당사자의 지위, 계약의 목적과 내용, 지체상금을 예정한 동기, 실제 손해와 지체상금액의 대비 등 제반사정을 고려하여 감액할 수 있기는 하다. 그러나, 실제 손해의 입증 없이 지연일수가 특정되면 산식에 의해 인정되는 점, 1일당 지체상금율이 전체 공사대금의 0.1%~0.3%로 매우 높아서 만일 준공지연 기간이 100일 이상이라면 대체로 시공사 몫의 공사 이윤이 없는 것과 다름없을 정도로 양측에게 매우 민감한 쟁점이다.

지체상금이 발주자에게 부당한 폭리가 아닌가 싶을 수 있지만, 실제로는 그렇지 않다. 통상 도급인(발주자) 역시 공사지연을 겪으면 지체상금 수준의 손해를 입는 경우가 많이 있다. 대부분의 건축주들이 건축비용(토지대금 및 공사비) 중 상당 부분을 은행 대출로 조달하므로, 약정 준공기한이 지나면 대출은행으로부터 연체이율이 적용되어 금융비용이 높아진다. 뿐만 아니라 이미 분양 및 임대 계약을 체결하여 이해관계자가 생긴 경우가 많으므로, 도급인은 준공지연으로 인해 여러 계약자들과의 사이에 계약해제나 손해배상, 위약금 등의 문제가 발생한다. 따라서, 도급계약의 당사자 모두에게 위 공사가 '미완성이냐 완성이냐'는 매우 중요한 문제이다.

우리 대법원이 '일의 완성'을 판단하는 기준은 도급인, 수급인의 주관적인 기준이 아니라 '일응(一應, 일단)의 최후 공종을 종료하였는지' 여부를 기준으로 한다.

즉, 대법원은 "건물신축공사의 미완성과 하자를 구별하는 기준은 공사가 도중에 중단되어 예정된 최후의 공정을 종료하지 못한 경우에는 공사가 미완성된 것으로 볼 것이지만, 그것이 당초 예정된 최후의 공정까지 일응 종료하고 그 주요 구조 부분이 약정된 대로 시공되어 사회통념상 건물로서 완성되고 다만 그것이 불완전하여 보수를 하여야 할 경우에는 공사가 완성되었으나 목적물에 하자가 있는 것에 지나지 않는다고 해석함이 상당하고, 개별적 사건에 있어서 예정된 최후의 공정이 일응 종료하였는지 여부는 수급인의 주장에 구애됨이 없이 당해 건물 신축 도급계약의 구체적 내용과 신의성실의 원칙에 비추어 객관적으로 판단할 수밖에 없고, 이와 같은 기준은 건물 신축 도급계약의 수급인이 건물의 준공이라는 일의 완성을 지체한 데 대한 손해배상액의 예정으로서의 성질을 가지는 지체상금에 관한 약정에 있어서도 그대로 적용된다"(대법원 1994. 9. 30. 선고 94다32986판결)

사례 3
추가공사대금에 관한 분쟁

"수개월간 수많은 의사소통, 무수한 구두 합의들을 어떻게 주장, 입증할 것인가"

공사도급계약은 계약서와 실제 간에 간극이 많은 계약분야이다. 회의실에서 당사자들이 주장하는 내용 대부분이 합의서, 변경계약서에 서로 날인한 문서로 남지 않은 경우가 대부분이다.

직접 증거가 없다는 것은 양측에게 동일한 조건이다. 차이는 당사자 간의 실제 합의내용들을 제대로 현황 파악하여 주장할 것을 주장하고, 이를 뒷받침할 간접증거를 찾는 일이다.

이 부분은 본문의 많은 부분에서 다룬 쟁점이기도 하다. 변호사의 역량에 좌우되기도 하지만, 의뢰인의 노력이 필요한 부분이기도 하다.

사례 4
여러 권리자가 등장하였을 때

"대체 누가 계약상대방인 것인가, 제3자의
공사대금 가압류에는 어떻게 대응해야 하는가"

----

1) 명의대여의 문제

건축주가 시공사 A 회사를 상대로 공사계약서를 체결하였는데, 시공 도중에 공사가 지지부진하고 인력 및 자재를 제대로 공급하지 않더니 급기야는 현장 책임자 B 이사가 연락두절이 되었다고 가정하자. 견적단계부터 시공의 전 과정에서 현장 책임자였던 B 이사와의 연락이 끊기면, 건축주는 어쩔 수 없이 A 회사의 주소지로 찾아가 그 대표에게 항의하거나 내용증명을 보내게 되는데, 공사 복귀 및 대책 만회 등을 요구할 때 A 회사측이 "우리는 모르는 일. 현장 책임자이던 B에게 일괄 하도급한 것이라 우리는 책임 없으니, B 이사와 해결하라"라는 식으로 대응하는 경우가 가끔 있다.

A 회사의 주장을 요약하면 명의대여라는 주장인데, A, B간의 내부관계가 무엇이든 건축주는 A 회사를 계약상대방으로 인식한 것이니 그에게 책임을 물으면 된다.

현장 책임자 B 이사가 A 회사 소속이라는 명함을 소지했고, 도급계약서 및 그동안의 세금계산서 발부 등 모든 거래에서 A 회사가 자신의 명의와 도장을 계속적으로 제공했으므로 당연히 A 회사와의 거래로 알고 있는 것이 당연하다.

우리 대법원도 "공사의 수급인이 타인에게 그 공사를 하도급 주어 그 타인으로 하여금 공사를 시공케 함에 있어 대외관계에 있어서는 그 하수급인을 수급인의 공사현장에 파견한 현장소장인양 표시하여 행동하게 하였다면 수급인은 상법상의 명의대여자로서의 책임을 면할 수 없다"라고 판시하고 있다(대법원 1985. 2. 26. 선고 83다카1018판결).

다만 예외적으로 건축주가 A, B 둘 간의 명의대여 사실을 알았거나, 모르는 것에 중과실이 있는 예외적인 경우라면 A가 명의대여자로서의 책임에서 벗어날 수 있으니 주의가 필요하다. (대법원 1991. 11. 12. 선고 91다18309판결)

2) 제3자로부터 공사대금채권 가압류결정문을 받았다면?

수급인(시공사)의 채권자들이 도급인이 수급인에게 지급할 공사대금채권에 대하여 가압류를 했다면, 그동안과 동일하게 수급인에게 기성공사대금을 지급하면 안 된다.

그 변제를 가압류채권자에게 주장할 수 없어서 이중변제를 하게 될 우려가 있다. 이 경우 제3채무자로서는 변제공탁 또는 집행공탁을 함으로써 이중변제의 위험과 이행지체의 책임에서 벗어날 수 있다.

북큐레이션 • 당신의 비즈니스 패러다임을 새롭게 바꿀 라온북 추천 실용도서

《건설전문변호사 사용법》과 읽으면 좋은 책. 생각의 전환, 비즈니스의 리프레임, 사업의 혁신을 이끄는 라온북의 도서를 소개합니다.

빌딩 브랜딩의 미래를 제시한다

빌딩 투자 완전 정복

조해리 지음 | 19,500원

**높은 시세 차익과 공실율 제로, 임대 고수익을
원하는 사람들을 위한 빌딩 브랜딩 전략서**

《빌딩 투자 완전 정복》은 저자가 현장에서 매일 매 순간 더 잘 팔리는 빌딩은 어떤 모습인지, 어떤 매력을 가지고 있기에 이렇게도 좋은 조건에 팔리고 있는지, 그 변화와 트렌드를 실시간으로 경험하며 축적한 노하우를 가감없이 공개했다. 다른 빌딩과 구별되는 특별한 DNA를 가진 빌딩의 정말 잘 팔리는 +α 요인이 무엇인지 분석하고 독자에게 알기 쉽게 설명해 준다. 입지를 뛰어넘는 특별한 가치를 가진 공간을 만들어 낼 수 있는 진정한 부동산 사업가, 안목 있는 건물주가 되고자 한다면 이 책 《빌딩 투자 완전정복》이 그 혜안을 줄 것이다.

대박 나는 빌딩 투자 무엇이 다른가?

지금은 빌딩투자 성공시대

황정빈 지음 | 19,000원

**갖가지 경제 위기 속에서도 불패 신화는 있다.
가치 투자의 최고봉, 빌딩 투자!**

대규모 자산운용사가 아님에도, 공인중개사로서 수백 억에서 수천 억에 이르는 빌딩들의 거래를 성공적으로 성사시킨 황정빈 저자의 빌딩 가치 분석, 거래 실무, 관리 및 투자 노하우가 이 한 권의 책 속에 깊게 녹아들어 있다. 빌딩 투자에 한 번쯤이라도 관심을 가져 본 독자라면 반드시 이 책을 투자의 노둣돌로 삼기를 적극 권한다. 이 책 《지금은 빌딩투자 성공시대》는 당신이 지금의 부동산 시장을 직시할 것을 요구하고 있다. 말 그대로, 지금은 당신이 빌딩 투자를 해야 할 바로 '그때'이다!

경기 침체와
기업의 대응 전략

비욘드 리세션

이석현 지음 | 25,000원

전 세계적으로 엄습하는 경기침체의 파고를 넘어
또 다른 성장의 기회를 잡아라!

이 책 《비욘드 리세션》은 그런 면에서 기업 CEO들이 나무가 아닌 숲을, 눈앞의 포말이 아닌 멀리서 다가오는 파도의 흐름을 바라보며 대비하게 해주는 책이다. 분명 곳곳에 경기침체의 징후들이 가득하며, 이에 대비해야 하지만, 위기의 파고를 넘었을 때의 성장 동력을 재무장하는 방법이 이 책 《비욘드 리세션》에는 함께 제시되어 있다. 동전의 양면을 둘 다 놓치지 않는 지혜가 이 시대 기업인들에게 더욱 요구되는 것처럼, 경기침체와 그 극복 후의 성장과 반등을 동시에 생각할 줄 아는 혜안이 이 책을 통해 길러지리라 생각한다.

불황을 돌파하는
비즈니스 전략 통찰
34가지

턴어라운드 4.0

이창수 지음 | 17,000원

하이 아웃풋(High Output)을 만들어
기업의 턴어라운드를 발생시키는 전략 통찰법!

《턴어라운드 4.0》은 기업의 멋진 항해를 도와주는 도구인 환경과 시스템을 구축하기 위해 기업과 경영인이 갖춰야 할 전략과 통찰을 정리한 책이다. 저자의 30년의 경험이 녹아 있는 기업의 턴어라운드 프로세스는 언제 사라져도 이상하지 않은 부실기업을 '강력한 기업'으로 재탄생시켜줄 수 있는 비결을 상세히 알려준다. 어려운 상황에서도 기업의 성공과 발전을 달성할 수 있도록 미래를 정확하게 예측하고 철저히 기획하는 데 이 책이 큰 도움이 될 것이다.